古代歷史文化 研究輯刊

二四編

王明蓀 主編

第 16 冊

百越新史（下）

周運中 著

國家圖書館出版品預行編目資料

百越新史（下）／周運中 著 -- 初版 -- 新北市：花木蘭文化
事業有限公司，2020〔民109〕
目 2+180 面；19×26 公分
（古代歷史文化研究輯刊 二四編；第 16 冊）
ISBN 978-986-518-266-3（精裝）
1. 民族史 2. 中國
618   109011134

ISBN-978-986-518-266-3

9 789865 182663

古代歷史文化研究輯刊
二四編　第十六冊　　　　　　ISBN：978-986-518-266-3

百越新史（下）

作　　　者　周運中
主　　　編　王明蓀
總 編 輯　杜潔祥
副總編輯　楊嘉樂
編　　　輯　許郁翎、張雅淋　美術編輯　陳逸婷
出　　　版　花木蘭文化事業有限公司
發 行 人　高小娟
聯絡地址　235 新北市中和區中安街七二號十三樓
　　　　　　電話：02-2923-1455 ／傳真：02-2923-1452
網　　　址　http://www.huamulan.tw 信箱 hml 810518@gmail.com
印　　　刷　普羅文化出版廣告事業
初　　　版　2020 年 9 月
全書字數　248648 字
定　　　價　二四編 21 冊（精裝）台幣 62,000 元　　版權所有・請勿翻印

百越新史（下）

周運中　著

上　冊

緒論：研究史與新方法 …………………………… 1

第一章　越的語源是低地、海洋 ……………… 13
　第一節　倭、穢、沃沮、越是同源字 ……… 15
　第二節　越的語源是窪、海 ………………… 16

第二章　伏羲、布依、武夷源自魚 …………… 19
　第一節　伏羲、布依、武夷同源自魚 ……… 19
　第二節　伏羲、女媧來自雲南 ……………… 27
　第三節　伏羲、女媧從黔、巴北遷 ………… 35
　第四節　伏羲、女媧到竹山、平利 ………… 41

第三章　海上外越南島族群文化 ……………… 49
　第一節　盧亭（海）、蜑（蛇）、曲蹄、交趾 …… 49
　第二節　江浙和山東的疍民文化 …………… 70
　第三節　香港大嶼山岩洞的遠古手印岩畫 … 73
　第四節　東南遺存的越語地名 ……………… 79
　第五節　漢語海洋生物的南島語源 ………… 86

第四章　仡央族群北遷 ………………………… 93
　第一節　仡佬、崑崙、高涼、高麗源自河谷 … 94
　第二節　烏武、烏滸、具區源自佤族 ……… 98
　第三節　溪人是仡央族群 ………………… 107
　第四節　皋通、句町、仡兜、瓜長 ……… 114
　第五節　夜郎是仡央族群建立 …………… 123
　第六節　獠人入蜀與巴地仡佬 …………… 129

第五章　上古長江中下游的越人 …………… 137
　第一節　越章、越裳為越壯 ……………… 137
　第二節　雲夢為越語草湖 ………………… 140
　第三節　干越、上淦與上贛君 …………… 143
　第四節　浙江、錢塘、武林、盱眙與壯語 … 147
　第五節　句踐遷都琅邪實為若耶 ………… 153
　第六節　古代湖南的越人 ………………… 162

下　冊

第六章　秦漢征越引發大遷徙 ……………… 167
　第一節　壯侗族群原居西江下游 ………… 167

第二節　秦攻南越和東越 ⋯⋯⋯⋯⋯⋯ 175
第三節　侗水北遷與壯傣西遷 ⋯⋯⋯⋯ 179
第四節　西漢東甌內遷彭澤、平都 ⋯⋯ 180
第五節　《越絕書》由來考 ⋯⋯⋯⋯⋯ 185
第七章　六朝隋唐嶺南越人 ⋯⋯⋯⋯⋯⋯ 191
第一節　南朝嶺南政區地名與民族 ⋯⋯ 191
第二節　俚是侗水族群 ⋯⋯⋯⋯⋯⋯⋯ 196
第三節　六朝侗水族群北遷 ⋯⋯⋯⋯⋯ 200
第四節　漢唐間海南島的建置沿革 ⋯⋯ 203
第五節　唐宋廣西越人建國 ⋯⋯⋯⋯⋯ 216
第八章　唐宋西南越人 ⋯⋯⋯⋯⋯⋯⋯⋯ 219
第一節　牂牁的本義是川溪 ⋯⋯⋯⋯⋯ 219
第二節　南詔蒙舍源自傣族 ⋯⋯⋯⋯⋯ 222
第三節　黔州所領民族十五種考 ⋯⋯⋯ 228
第四節　唐宋南平獠的變遷 ⋯⋯⋯⋯⋯ 231
第五節　唐宋沅、黔、川的越地 ⋯⋯⋯ 236
第六節　自杞國和羅殿國 ⋯⋯⋯⋯⋯⋯ 244
第九章　唐宋元明清越人的漢化 ⋯⋯⋯⋯ 249
第一節　唐宋江南越人的漢化 ⋯⋯⋯⋯ 249
第二節　宋元福建的漢化 ⋯⋯⋯⋯⋯⋯ 251
第三節　宋元明清廣東的漢化 ⋯⋯⋯⋯ 255
第四節　宋元明清廣西的漢化 ⋯⋯⋯⋯ 263
第五節　元明清貴州的漢化 ⋯⋯⋯⋯⋯ 265
第六節　元明清雲南的漢化 ⋯⋯⋯⋯⋯ 274
第十章　越文化對漢文化的影響 ⋯⋯⋯⋯ 283
第一節　端午源自越人祭龍 ⋯⋯⋯⋯⋯ 284
第二節　越文化對楚辭的影響 ⋯⋯⋯⋯ 291
第三節　北方男人和疍民獺女的戀情 ⋯ 295
第四節　媽祖是疍民 ⋯⋯⋯⋯⋯⋯⋯⋯ 298
第五節　五通神源自猿猴 ⋯⋯⋯⋯⋯⋯ 303
第六節　越人的水生動物崇拜 ⋯⋯⋯⋯ 317
第七節　越人的飲食文化 ⋯⋯⋯⋯⋯⋯ 333
結　論 ⋯⋯⋯⋯⋯⋯⋯⋯⋯⋯⋯⋯⋯⋯ 341
後　記 ⋯⋯⋯⋯⋯⋯⋯⋯⋯⋯⋯⋯⋯⋯ 345

第六章　秦漢征越引發大遷徙

第一節　壯侗族群原居西江下游

侗水族群包括侗族、水族、毛南族、仫佬族，還有拉珈人、茶洞人、草苗、標人、錦家、莫家等人群。

侗族居住在貴州東部、湖南西部與廣西北部，人口 296 萬，自稱 kam。水族居住在貴州三都縣與廣西南丹、融水等地，人口 40 多萬，自稱 sui。毛南族主要居住在廣西環江縣，人口 10 多萬，自稱 ai naan 或 maau naan。仫佬族主要居住在廣西羅城縣，人口 20 多萬，自稱 kjam 或 lam。

佯黃人居住在貴州平塘、惠水縣，人口 3 萬多，自稱 ai raau。拉珈人是廣西金秀大瑤山的瑤族，人口 1 萬多，自稱 lak ca，意思是山上的人。茶洞人居住在廣西臨桂、永福縣，人口 2 萬多，因為其聚居地在茶洞而得名。草苗是在廣西、湖南、貴州交界處的苗族，人口 3 萬多。標人是廣東懷集、封開縣的漢族，人口 7 萬多，自稱 peu。錦家是貴州荔波縣的布依族，人口 3 千多，自稱 ai tham。莫家是貴州荔波、獨山縣的布依族，人口近 2 萬，自稱 ai maak。這些族群原來主要不是越人，歷史上曾經被侗水族群同化，所以改說侗水語。

中國的壯傣族群包括壯族、布依族、傣族、臨高人等，壯族分布在廣西、雲南等地，有 1692 萬人。布壯、布依兩個支系在北壯方言群，儂（nung）支系在桂西南和滇東南，代（dai / tai）支系在桂南。布依族主要在貴州南部，有 287 萬人。古代漢人稱布依族為仲家，但是布依族自稱為 pou jai，音譯為布依。傣族主要在雲南的西雙版納和德宏，有 126 萬人，自稱為 tai，音

譯為僚。國外的壯傣族群還有泰國的主體民族泰族、老撾的主體民族老族、緬甸東部的撣族等，泰族自稱為 thai，撣族自稱為 tai，都是從傣族西遷或南遷而形成的民族。印度東部的阿薩姆邦有多支壯傣族群，人口最多的阿含人來自雲南，其他各支也是從滇緬一帶西遷。

壯傣族群是兩三千年前從侗水族群中分化而出，所以兩三千年前的侗水族群與壯傣族群的共同祖先可稱為壯侗族群。

侗水族群原居在西江下游，前人提出了民俗學與語言學的證據，我結合分子人類學的檢測結果，提出了最新的歷史地理學證據。再結合考古學的發現，指出戰國時期兩廣之交的文化類型就是壯侗族群創造。

一、傳說與語言學的證據

侗族古歌《祖公上河》、《祖源》，傳說祖先來自梧州，沿潯江而上，經過柳州，到達貴州，先到古州，再北遷天柱、新晃，另一支在東部，北遷三江、龍勝。有的侗族傳說祖先來自江西，這是因為明代大量江西漢族西遷到貴州，所以使得侗族出現同化的祖先傳說，此說不足為信。〔註1〕水族傳說祖先居住在廣西，兄弟三人，大哥從紅水河而上，三弟順清水而下，老二渡過紅水河，經過南丹，來到佳容，在今荔波縣。〔註2〕

語言學家提出侗水族群原來居住在珠江下游的沿海地帶，水族鬼師祭祀谷神時說祖公從海邊帶來穀種，水族人的葬禮，親屬忌諱葷菜，但是必須要有魚，水語的魚、蝦和臨高語同源，水語有一組和臨高語、黎語接近的詞，說明水族人的祖先原來住在沿海。水族人向柳江、龍江上游遷徙，留在環江縣的人是毛南族，留在荔波縣的是莫家和佯黃人。〔註3〕

二、分子人類學的發現

前引《嶺南民族源流史》一書，根據生物學檢測發現，侗水族群在嶺南各人群遺傳關係網的中心，認為侗水族群原居住在嶺南各人群的中心，很可能在潮汕到福建一帶。

我以為侗水族群的原居地是西江下游，不可能是潮汕和閩南。因為潮

〔註1〕 編寫組：《中國少數民族・侗族》，人民出版社，1981年。

〔註2〕 編寫組：《中國少數民族・水族》，人民出版社，1981年。

〔註3〕 梁敏、張均如：《侗臺語言的繫屬和有關民族的源流》，《語言研究》2006年第4期。梁敏、張均如：《侗臺語族概論》，中國社會科學出版社，1996年。

汕和閩南的推測主要是根據現代高山族的分布位置，但是高山族東移有個過程，如果遠古時代的高山族從廣東、福建沿海東移，則侗族應該處在珠江三角洲，這裡才是百越族群的中心。如果侗水族群從福建西遷到貴州，距離太遠，也找不到侗水族群在福建生活的遺存。

其實侗水族群還有一個鮮明特色，他們的父系血緣中 O1 與 O2 旗鼓相當，這和仡央族群大為不同，仡央族群是截然兩分，一支是 O1 為主的征服者，一支是 O2 為主的被征服者，仡央族群是用武力形成的族群，而侗水族群是長期和平通婚形成的族群。

這種融合不可能是後世苗瑤民族進入侗水族群的結果，因為在最北部的北部侗族血緣中的 O2 比例最少，他們最接近現代苗族的原居地，融入的苗族血緣比例反而最小，說明這種融合是原來在嶺南形成，而不是侗水族群北遷才和苗族融合的結果。

莫家、錦家、佯黃人、毛南族、水族分布在侗水族群的西側，O2 比例反而較高，也說明這種民族融合形成於他們西遷之前。

其實，侗族的自稱 kam，陽安土語區的水族自稱 sui kam，很可能與南亞語系的吉蔑（Khmer）有關，所以侗水族群有很多 O2 血緣，這正是南亞語系族群和苗瑤語族族群的標誌。Kam 和 Khmeri 都是源自黑墨 hmek，因為 Y-O2 膚色較黑，可能是融合了更早到達亞洲的人群。

群　體	C	D1a	O	O1	O1a2	O2a	O3
北侗	20.00		30.00		10.00		
南侗	15.00			25.00	10.00	20.00	
草苗				10.00		3.00	66.70
仫佬	2.5	12.5		5.00	25.00	30.00	7.5
水				18.00		44.00	
莫家						85.20	5.88
錦家						100.00	
佯黃				33.33		50.00	
毛南	9.38					56.25	9.38
拉珈		50.00				40.00	10.00
標	2.94		5.88	14.71		17.65	52.94

三、歷史地理學的證據

九嶷山又名蒼梧山，秦漢湖南的南部到廣西的東部、廣東的西部是蒼梧郡，上古音的牂牁是 tsang-kai，蒼梧是 tshang-nga，我認為蒼梧、牂牁源自布依語的河流是 suangl，馬來語的河流是 sungai，越南語是 ṣong，讀音都接近，但是不接近壯傣語的河流，證明西江下游原來是侗水族群之地。

今廣西蒙山縣有濛江，在藤縣流入西江，漢代在今藤縣設猛陵縣，猛陵其實就是蒙山。蒙、猛即 mon，現在廣西還有很多人姓蒙。南亞語系的孟—高棉語族的孟族，曾經廣泛分布在今緬甸與泰國，今緬甸有孟邦。苗族自稱為 hmogb，讀音也很接近，苗族和南亞語系民族關係密切。

賀江原名封水，馬王堆漢墓出土《地形圖》標注這一帶為封中，西漢設封陽縣（在今賀州南部），隋代設封州，治封川縣，1952 年合併了其北部的開建縣，成為今廣東封開縣。封的上古音是 piong，接近 mong，所以封水（賀江）其實也是因為蒙族得名。

南朝的廣州綏建郡有化蒙縣，在今懷集，《宋書·州郡志四》化蒙縣：「本四會古蒙鄉，元嘉十三年分為縣。」古蒙原來是蒙族之地，化蒙是開化蒙族。

所以濛江、賀江、綏江一帶原來是蒙族之地，侗水族群原來就在這一帶與之長期相處。值得注意的是，曾經是水族原居地的撫水州，《宋史·蠻夷傳三》說酋長都是蒙姓。

孫吳在今廣西荔浦縣，設立建陵縣，《太平寰宇記》桂州修仁縣：「建水，出縣北建山，南流，經縣東。」劉宋在今封開縣北部設開建縣，在今綏江流域設綏建郡。

建陵、開建、綏建的建，很可能都是指侗族。建的上古音是 kan，但是閩南語讀為 kam，侗族自稱為 kam。建陵或指侗族居住的山，開建指開闢侗族之地，綏建指綏靖侗族。

因為侗族原來在濛江、灘江、賀江、綏江流域居住，所以把古代進入這一地區的漢族同化了，形成了現在懷集、封開的標人。懷集縣屬綏建郡，封開就源自開建縣，都是侗水族群居住地。標人現在是漢族，基因檢測也是漢族血統為主。但是他們說侗水語，說明很早進入侗水族群地區，被侗水族群同化了。南朝的蒼梧郡有僑寧縣，綏建郡有新招縣，說明這一帶有不少僑民，有時被招安。進入侗水族群的漢族被同化，原來居住在他們周圍的侗水族群

卻北遷，留下了被同化的漢族後裔，形成了現在的標人。

　　拉珈瑤雖然風俗接近瑤族，語言被侗水族群同化，但是他們的血緣很特別，含有高達一半的 D 單倍群。說明拉珈人原來的主體是早期進入亞洲的小黑人，我以為這恰好對應文獻記載的平樂、道州的矮人，郭仲產《湘州記》：「平樂縣縈山多曲竹，有木客，形似小兒，歌哭、行坐、衣服不異於人，而能隱形。山居崖處，至精巧，時出市易作器。人亦能別，就人換借，此皆有信義，言語亦可解，精器母理也。」〔註4〕《太平寰宇記》道州：「道州土地產民多矮，每年嘗配鄉戶貢其男，號為矮奴。唐陽城為刺史，不平以良為賤，又憫其編甿歲有離異之苦，乃抗疏論而免之。自是乃停其貢，民皆賴之，無不泣荷。」拉珈瑤傳說是從東部西遷，所以很可能來自湖南。

　　我認為侗水族群原來在灘江一帶，還有一個證據，《逸周書・王會》在長沙、路人之東有禽人，禽人就是侗族，因為禽的上古音是群母侵部 giəm，接近侗族自稱 kam，路人可能在資水源頭的路山，侗族在其東，則侗族在桂林東北部與湖南交界處。

　　黔是黑色，上古音是 giam，有人認為黔源自侗族的名字 kam，有人認為黔源自烏江的顏色發黑。《史記・西南夷列傳》：「始楚威王時，使將軍莊蹻將兵循江上，略巴、黔中以西。莊蹻者，故楚莊王苗裔也。蹻至滇池，方三百里，旁平地，肥饒數千里，以兵威定屬楚。欲歸報，會秦擊奪楚巴、黔中郡，道塞不通，因還，以其眾王滇，變服，從其俗，以長之。」黔中郡在巴郡（治今重慶）的東南，《史記・秦本紀》秦昭襄王：「（二十七年）又使司馬錯發隴西，因蜀攻楚黔中，拔之。二十八年，大良造白起攻楚，取鄢、鄧，赦罪人遷之。二十九年，大良造白起攻楚，取郢為南郡，楚王走……三十年，蜀守若伐楚，取巫郡及江南為黔中郡。三十一年……楚人反我江南。」司馬錯從蜀地出發，經過巴地，攻入黔中。巫郡的治所可能在今巫山縣，也有可能是今涪陵。如果是今涪陵，則從西陽進入沅水，所以最早的黔中郡治在今沅陵縣。

　　1987 年，湖南大庸縣（今張家界）第 68 號墓出土銅戈有銘文「廿七年蜀守若西工師乘」等字，正是秦昭襄王二十年前蜀郡守張若出兵黔中戰爭之物。1978 年，漵浦縣馬田坪地 24 號墓出土了很多秦國容器，包括少府銘文矛，還有一些巴人器物墓葬，正是秦國與巴人士兵墓葬。沅陵縣西南二十里

〔註4〕〔宋〕樂史：《太平寰宇記》卷一百六十三昭州平樂縣木客條引。

的沅水南岸發現了古城，證明秦國最早的黔中郡治在今沅水流域。〔註5〕

秦代改設洞庭郡，西漢改設武陵郡，《續漢書・郡國志》武陵郡：「秦昭王置，名黔中郡，高帝五年更名。」《水經注》卷三七《沅水》臨沅縣（今常德）：「縣治武陵郡下，本楚之黔中郡矣。秦昭襄王二十七年，使司馬錯以隴蜀軍攻楚，楚割漢北與秦，至三十年，秦又取楚巫、黔及江南地，以為黔中郡。漢高祖二年，割黔中故治為武陵郡。」《元和郡縣圖志》卷三十黔州：「其秦黔中郡所理，在今辰州西二十里黔中郡故城是。漢改黔中為武陵郡，移理義陵，即今辰州敘浦縣是，後魏移理臨沅，即今辰州是。」辰州治所在今沅陵縣，這可能是秦最早的黔中郡治，秦朝要從此處進攻湖南，所以黔中郡治所雖然在沅水流域，但是不能證明黔中源自沅水流域。

兩晉南朝有黚陽縣，《宋書・州郡志三》武陵郡黚陽縣：「二漢無，《晉太康地志》有。」《水經注》卷三六《延江水》：「酉水北岸有黚陽縣。」黚陽在黚水之北，黚即黔，古音極近，黔的上古音是群母談部 giam，黚是見母談部 kam，都是指黑。今酉陽縣東部有泔溪鎮，泔溪（今麻旺河）應即黚水。《元和郡縣圖志》卷三十溪州三亭縣（今保靖縣）：「黔山，在縣西五十里。」黔山在今保靖縣西，靠近麻旺河注入酉水的河口。

湖南龍山縣里耶秦簡 J1〈12〉10 簡文是：

廿六年六月癸丑，遷陵拔訊棧、蠻、衿

鞫之：越人以城邑反，蠻、衿害弗智

秦代酉水流域的遷陵縣有越人、蠻人、衿人，衿人顯然就是黔人，黔人不是越人，可能因為黔人的血緣最初和越人不同，現在侗族的 Y 染色體中 C 型、O2 型的比較較高，證明侗族曾經融合很多其他族群。

唐代在錦江流域設錦州，上古音的錦是 giəm，非常接近黔 giam，錦江的名字源自族名。

苗瑤族群和南亞語系族群的 Y 染色體都是 O2，自稱也非常接近，苗族自稱 hmog，南亞語系族群自稱 khmer，都是源自黑色 hmek，侗族有較多的 Y-O2，侗族的居住地接近苗瑤民族，是越人和苗瑤的混合族群。

黔和琴讀音相同，琴很可能是黔人發明，現在考古發現最早的琴多在南方的楚地，湖北省棗陽市郭家廟春秋早期的曾國墓地曹門灣墓區的第 86 號墓

〔註5〕 賀剛：《戰國黔中三論》，湖南省文物考古研究所、湖南省考古學會主編：《湖南考古輯刊》第六集，1994 年，第 207～217 頁。

出土了 2700 年前的琴瑟，琴長約 92 釐米，寬約 35 釐米，是半箱琴。瑟長約
180 釐米，寬約 34 釐米。琴在棺的東北部，在禮器的位置。瑟在棺的南部，
地位不如琴重要。湖北當陽市趙巷 4 號墓出土春秋中晚期的兩件瑟，當陽市
曹家崗 5 號墓出土春秋晚期兩件瑟。湖北隨州市曾侯乙墓出土戰國早期的十
弦琴，湖北荊門市郭店出土了戰國中期的琴，1973 年湖南長沙馬王堆 3 號墓
出土的西漢七絃琴，也都是半箱式琴。這種琴主要在湖北、湖南，也有人認
為不應該稱為古琴，而應稱為琴類樂器。這種琴類似苗族的瓢琴，湖北、湖
南的土著是苗族，所以這種琴應該是來自苗族。

苗族古瓢琴

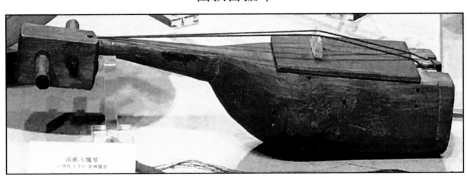

苗族和侗族的居住地接近，但是兩種民族的兩種琴的關係還值得進一步
研究。江西龍虎山崖墓出土了兩件十三弦桐木琴，結構是一般的古琴，這種
琴也應該是源自南方。

江西龍虎山崖墓出土的十三弦琴

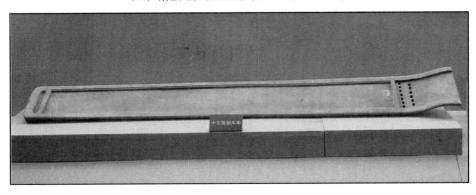

四、考古學的證據

考古學的證據也完全支持我的觀點，蔣廷瑜指出平樂、廣寧、德慶、四會、懷集、肇慶、羅定、岑溪等地的春秋戰國墓葬有鮮明特色，盛行長方土坑墓，墓室底部設置腰坑，隨葬品組合規範，青銅器以扁莖短劍、雙肩鏟形鉞、竹葉形刮刀、柱形器、盤口鼎、甬鍾為主。而右江流域的春秋戰國墓葬有不同的特點，流行土葬和岩洞葬，隨葬品主要是實用器，青銅器主要是鏤空細紋匕首、圓尖頂長舌圓形器、圓銎長骹矛、鳳字形鉞、斜刃鉞、新月形刀、桃形鏤孔銅簇、人面弓形格劍、曲刃一字格劍、銅鼓。東部的文化是西甌文化，受楚文化影響較大。西部的文化的駱越文化，受滇文化影響較大。〔註6〕

我以為這個發現非常重要，但是廣西與廣東交界處的不是西甌文化，而是侗水與壯傣族群共同祖先的文化，邕江流域的是西甌文化。文獻記載的駱越主要在越南，不在廣西。

平樂縣銀山嶺有戰國墓 110 座，出土銅器有鼎、靴形鉞、柱形器等。恭城縣嘉會鄉秧家村金堆橋的一座春秋戰國墓，出土銅器包括烹飪器、酒器、樂器、兵器等，有靴形器、柱形器、淺腹鼎等。

賀州沙田鎮馬東村龍婆嶺春秋墓，出土銅器有罍、鼎、甬鍾、矛、鉞、劍等。賀州沙田鎮龍中村的溶洞發現的銅器，有鼎、犧尊、盉、罍、鼓、鉞等。四會龍江高地園戰國墓，出土銅器有鼎、半球形器、人首柱形器等。

懷集冷坑春秋晚期墓，出土銅器包括鼎、人首柱形器。羅定羅平橫垌村背夫山的一座戰國墓，出土銅器有鼎、鑒、鐸、人首柱形器等。柱形器為圓柱形或方柱形，上大下小，頂端有人或禽獸，經常四件一組，前後兩對立在墓室內。象州、北流、岑溪戰國墓出土人首柱形器，平樂出土的是禽首，恭城出土的是獸首。這種柱形器應是宗教用品，或許與越人的牂牁、鳥柱、權杖等物品有關。有學者認為這種柱形器是架設棺材的器具，我認為這個觀點和源自牂牁、鳥柱、權杖等物品不矛盾，可能是一種移用。

清遠馬頭崗東周墓出土了有嶺南特色的編鍾，既有楚文化因素，也有越文化因素。肇慶北嶺松山戰國墓出土琉璃珠等物品帶有楚文化特色，還出土了金柄玉環、銅柱、銅鍾等嶺南器物。

〔註6〕 蔣廷瑜：《西甌駱越青銅文化比較研究》，《百越研究》第一輯，第86～104頁。

廣東清遠出土戰國時期人首柱形器

第二節　秦攻南越和東越

《史記‧秦始皇本紀》說嬴政：「三十三年，發諸嘗逋亡人、贅婿、賈人略取陸梁地，為桂林、象郡、南海，以適遣戍。」

周振鶴先生提出嶺南多有以六、陸、祿等字開頭的壯語地名，即壯語山谷 luk，《史記‧高祖功臣侯年表》長沙郡有陸梁侯，長沙出土的西漢印章有陸糧尉印，〔註7〕雲南省有陸良縣。〔註8〕我發現很多讀音接近陸梁的壯語地名：廣西博白縣陸良村、鹿浪村、廣東化州六埌尾村、廣西北流縣六埌村、永福縣鹿浪村、隆林自治縣陸浪村、陸川縣六良村、上林縣六浪村、文山縣六良菁村、雲南丘北縣陸良村、海南陵水縣六量山。《漢書‧地理志》武陵郡：「義陵，鄜梁山，序水所出，西入沅。」鹿是來母屋部 lok，陸是來母覺部 luk，鄜梁與陸梁是同源地名。序水即今漵水，鄜梁山在今洪江、漵浦間。陸是壯語 lueg，指山谷、谷地、坡谷或谷地的田。梁是壯語 langx，指大水窪，〔註9〕即壯語地名常見的埌、朗、楞，〔註10〕也寫成良、浪、郎。陸梁

〔註7〕楊其民：《長沙西漢「陸暴尉印」應為「陸梁尉印」》，《考古》1979 年第 4 期。
〔註8〕周振鶴：《「陸梁地」解》，《地名知識》1985 年第 2 期。
〔註9〕廣西壯族自治區少數民族語言文字工作委員會壯漢英詞典編委會：《壯漢英詞典》，民族出版社，2005 年，第 736、693 頁。

即河谷平地，秦軍最初佔領陸梁地，即嶺南的河谷和平地，山林還在越人手中。

秦五路攻南越和東越，《淮南子・人間》：

> 秦皇挾錄圖，見其傳曰：「亡秦者，胡也。」因發卒五十萬，使蒙公、楊翁子將，築修城。西屬流沙，北擊遼水，東結朝鮮，中國內郡輓車而餉之。又利越之犀角、象齒、翡翠、珠璣，乃使尉屠睢發卒五十萬，為五軍，一軍塞鐔城之嶺，一軍守九疑之塞，一軍處番禺之都，一軍守南野之界，一軍結餘干之水。三年不解甲馳弩，使監祿無以轉餉。又以卒鑿渠而通糧道，以與越人戰，殺西嘔君譯籲宋。而越人皆入叢薄中，與禽獸處，莫肯為秦虜。相置桀駿以為將，而夜攻秦人，大破之。殺尉屠睢，伏屍流血數十萬，乃發讁戍以備之。

鐔城之嶺在鐔城縣之北，《漢書・地理志》武陵郡鐔城縣：「康穀水，南入海。玉山，潭水所出，東至阿林入鬱，過郡二，行七百二十里。」潭水是今柳江，鐔城因潭水得名，鐔城在柳江上游。

南野之界在秦漢南野縣南界，南野縣治今江西大餘縣池江鎮長江村，此路南下滇水（北江）。餘干之水即今信江，此路東入閩江。

九疑之塞在今湖南九嶷山，此路南下賀江，楚國在九嶷山南設有莫敖之官，北京故宮有一方楚國官璽：湘陵莫敖。〔註11〕莫敖是楚國軍官，湘陵在湘水源頭，《山海經・海內南經》：「桂林八樹，在番隅東。伯慮國、離耳國、雕題國、北朐國皆在鬱水南。鬱水，出湘陵南山。」

下番禺之都的連江之路，番禺是地名通名，李錦芳指出番禺的番就是原始侗臺語的村寨 ban，泰語、西雙版納泰語、武鳴壯語 baan^5，老撾語、布依語、毛南語 baan^4，德宏傣語 maan^3。〔註12〕鄭偉認為番禺的禺是原始侗臺語的大、長大 nəm，泰語為 jai^5，老撾語是 ŋai^5，西雙版納傣語是 jai^5，德宏傣語是 jauu^5，臨高語 nɔ^3，所以番禺的原義是大村。〔註13〕我認為此說可信，很多城市起源於比較大的村寨，廣州在珠江三角洲的中心，因而從村落變成城市。所以番禺原來是個通名，則粵北也有可能有番禺。

〔註10〕張聲震主編：《廣西壯語地名選集》，廣西民族出版社，1988 年。

〔註11〕羅福頤：《古璽彙編》，文物出版社，1981 年，第 0164 號。

〔註12〕李錦芳：《侗臺語言與文化》，第 292 頁。

〔註13〕鄭偉：《漢語音韻與方言研究》，上海三聯書店，2012 年，第 150 頁。

　　馬王堆出土《駐軍圖》在賀江標注封中，是圖上嶺南唯一地名，漢代在今賀州之南設封陽縣，封水就是賀江。西漢在賀江流域有富川（今鍾山）、臨賀（今賀州）、封陽（今賀州東南）三縣，灕江流域有始安（今桂林）、廣信（今梧州）兩縣。《漢書·地理志下》蒼梧郡謝沐縣：「有關。」謝沐縣在今江永縣西南，謝沐關是江永縣通往賀江的咽喉。

　　秦代南海郡大致在今廣東省，桂林郡最初應在桂林縣，在今象州縣南，象郡在今廣西的南部，《漢書·高帝紀》臣瓚注引《茂陵書》：「象郡治臨塵，去長安萬七千五百里。」臨塵在今崇左，《山海經·海內東經》附錄的秦代《水經》：「沅水出象郡鐔城西，東注江，入下雟西，合洞庭中。」說明象郡原來包括整個廣西，後來因為桂林重要才分出桂林郡。

　　可能因為西甌人在黔江激烈抵抗，《淮南子》說秦軍殺西嘔（西甌）君譯籲宋，越人夜攻秦人，殺尉屠睢，伏屍十萬。1974年，武鳴縣全蘇村出土商代晚期銅卣、銅戈。1985年，元龍坡發現西周到春秋墓葬350座，安等秧發現戰國墓葬86座，出土青銅器、陶器、鐵器、玉器。覃內村岜馬山的6個岩洞中發現岩洞葬，出土商周時期的陶器、石器、玉器。賓陽縣武陵鎮療寨村木榮屯發現西周早期銅罍，蘆圩鎮、新賓鎮下河村涼水坪發現節齒紋銅鐘，甘棠鎮上塘村韋坡屯戰國墓出土了鼎、劍、矛、甬鍾、斧刮刀等青銅器。忻城縣大塘中學出土西周中期的乳釘紋銅鐘。〔註14〕都安縣百旺鄉八甫村那浩屯北大嶺遺址出土玉環、玉管，時代是商周到戰國時期，主人是西甌人。〔註15〕

　　南越國在桂林設監，不設太守。漢代撤銷桂林郡，改在布山縣設鬱林郡，布山縣在今貴港。鬱林郡靠近臨塵縣，所以象郡自然裁撤。《漢書·昭帝紀》元鳳五年：「罷象郡，分屬鬱林、牂牁。」

　　趙佗新設交趾、九真二郡，漢滅南越有七郡，桂林郡分為鬱林、蒼梧二郡，增設合浦郡。〔註16〕

　　漢代廣西的北部通道逐漸東移，灕江仍有重要地位，隋代蒼梧郡治東移到賀江口的封川縣（今封開縣）。唐代灕江、賀江通道被北江取代，梧州衰落，

〔註14〕覃聖敏：《西甌駱越新考》，《百越研究》第一輯，第1～19頁。
〔註15〕林強、謝廣維：《廣西都安北大嶺遺址出土的玉器及其族屬的初步探討》，《百越研究》第一輯，第188～193頁。
〔註16〕周振鶴：《西漢政區地理》，人民出版社，1987年，第181～205頁。

嶺南五管沒有梧州。江西到廣東的梅嶺道更加重要，反映中國重心東移。唐代廣西形成桂州（今桂林）、邕州（今南寧）、容州（今容縣）三個中心，現在容州已經衰落。漢代的西江之南僅有布山縣（今貴港）一個中心，唐代的西江之南形成兩個中心，反映廣西的重心南移，現代廣西的中心從桂林南移到南寧。

秦始皇雖然攻佔了百越之地，但是不能征服海上的越人，為了防止會稽的越國遺民和海上的越人聯合，所以在三十七年遷徙會稽的越人到皖南山地，《越絕書·記吳地傳》：「烏程、餘杭、黝、歙、無湖、石城縣以南，皆故大越徙民也。秦始皇帝刻石徙之。」同書《記地傳》：「以其三十七年，東遊之會稽，道度牛渚，奏東安，東安，今富春。丹陽，溧陽，鄣故，餘杭軻亭南。東奏槿頭，道度諸暨、大越。以正月甲戌到大越，留舍都亭。取錢塘浙江岑石。石長丈四尺，南北面廣六尺，東面廣四尺，西面廣尺六寸，刻文立於越棟山上，其道九曲，去縣二十一里。是時，徙大越民置餘杭、伊攻□、故鄣。因徙天下有罪適吏民，置海南故大越處，以備東海外越。乃更名大越曰山陰。」〔註 17〕

嬴政遷徙越人到烏程、餘杭、黝、歙、無湖、故障、石城等縣，又遷來全國各地的罪人。漢初鄣郡轄縣，據考證有：故障、丹陽、石城、無湖、歙、黝、溧陽、句容、江乘、秣陵、胡孰，〔註 18〕越人遷入地基本都在鄣郡，烏程、餘杭緊鄰鄣郡。因此很可能為管理遷入越人，設立鄣郡。

故鄣縣城是今安吉縣西北的古城遺址，〔註 19〕今天仍然是湖州通往宣城的山口，因為平原的越人要經過這個山口西遷，所以設鄣郡在此。楚漢戰爭時，莊息自立為浙江王。《史記·高祖功臣侯者年表》堂邑侯陳嬰條說：「四歲，項羽死，屬漢，定豫章、浙江都浙自立為王壯息，侯。」費侯陳賀條下說：「擊項羽有功，為將軍，定會稽、浙江、湖陽，侯。」湖陽即固陵，即《水經注》卷四十《漸江水》湖陽城，即今蕭山湘湖邊山上的越王城。

〔註 17〕俞紀東譯注：《越絕書全譯》，貴州人民出版社，1996 年。

〔註 18〕周振鶴：《西漢政區地理》，人民出版社，1987 年，第 35 頁。

〔註 19〕國家文物局主編：《中國文物地圖集·浙江分冊》，中國地圖出版社，2009 年，上冊第 213 頁、第 325 頁，下冊第 346 頁。

第三節　侗水北遷與壯傣西遷

　　秦代南攻百越，漢人大舉南遷，導致壯侗族群分遷，北遷的一支形成侗水族群，西遷的一支形成壯傣族群。

一、考古學的證據

　　劉瑞指出漢代嶺南的寬坑墓主要在郡國治所附近，嶺南的寬坑墓以小型居多，而窄坑墓遠離郡縣治所，說明窄坑墓是越人墓，而寬坑墓是北方移民墓。窄坑墓在西漢初年，集中在平樂、廣寧、樂昌等地，西漢中期，這些地方的窄坑墓急劇極少，而湖南與邕江流域迅速增多，最多的是靖州。〔註20〕

　　這個發現非常重要，說明西漢中期有很多越人從灕江流域北遷到了沅水上游，現在靖州還是苗族侗族自治縣，其南部的通道還是侗族自治縣，再南的龍勝是各族自治縣，也有侗族。我以為這個發現證明侗族正是在秦漢時期從灕江流域，一路北遷到沅水上游。不僅證明了我在上文提出的侗水族群遷徙路線，而且提供了遷徙的時間。

　　平樂銀山嶺墓群數量很多，恭城、賀州在平樂之東，出土文物的層次較高，說明這一帶原來是侗水族群的中心。西漢初期的窄坑墓，也是平樂最多。上文我說到建水（荔浦河）可能因為侗族得名，正是在平樂注入灕江。封開縣的北部開建縣很可能也是因為侗族得名，其北有侗化的漢族標人，東面就是廣寧，廣寧的窄坑墓僅次於平樂，廣寧原名綏建，也是指綏靖侗族。

　　此時侗水與壯傣族群尚未完全分化，窄坑墓也在西漢向邕江擴散，西遷的一支發展為壯族，詳見下文。

二、壯族西遷

　　壯族的 Y-SNP 主成分可以分為兩個組群，一是紅水河、桂北、邕北、邕南、高欄組群，一是桂邊、左江、右江、雲南壯族、雲南布依族族群，分開兩個組群的主要是第二主成分。第一主成分的峰值在左江上游，第二主成分峰值在潯江、黔江、鬱江，向西遞減，說明壯族是由向西擴散的人群主導形成。〔註21〕

　　基因檢測顯示，現在壯族的父系關係，紅水河、邕南、邕北、桂邊最近，

〔註20〕劉瑞：《華南秦漢越人窄坑墓》，《百越研究》第四輯，第344～357頁。
〔註21〕徐傑舜、李輝：《嶺南民族源流史》，第304～305頁。

其次是桂北、高欄，再次是右江、五色、左江、雲南壯族。也就是說，壯族的發展是從東部向西部推進。其實這也是漢族移民從珠江下游向上游推進的方向，所以壯族的西遷發展其實是源自漢族的西遷。

根據分子人類學的檢測，壯傣族群大概在兩千到三千年前從侗水族群中分化出來，〔註 22〕此時正是戰國秦漢之際。楚人、秦人等北方漢人大舉遷入西江下游，迫使侗壯族群分兩路遷徙，北遷的一支，發展為侗水族群，西遷的一支，發展為壯傣族群。廣西、廣東交界處的春秋戰國墓出土文物就受到楚文化的影響，楚人在灘江、湘江之交的湘陵設有莫敖，鄂君啟節記載的商業船隊到達湘江源頭，說明很多楚人進入嶺南。

南越國的蒼梧王趙光是南越王的同姓，蒼梧王的地盤主要在賀江與灘江流域，蒼梧能在南越國境內自治，說明這一帶有不少漢人移民。賀江是秦漢時期最主要的漢族南遷通道，灘江上游又有靈渠之便，所以這一帶漢人最多。

第四節　西漢東甌內遷彭澤、平都

據《史記・東越列傳》，閩越王無諸、東海王搖，都是句踐的子孫。秦朝廢為君長，設閩中郡。秦末天下大亂，東甌王搖與閩越王無諸都起兵反秦，屬於鄱陽縣（治今江西鄱陽縣東）令吳芮的部下，並隨吳芮歸屬項羽。但是項羽未封他們為王，所以他們投靠劉邦。劉邦滅項羽後，在漢朝五年（前 202年），為感謝越人，封無諸為閩越王，王國是閩中郡故地，都東冶（在今福州市）。漢惠帝劉盈三年（前 192 年）想起搖也有很大功勞，封閩君搖為東海王，都東甌（在今溫州市），世俗號為東甌王。東海王是漢朝新名，東甌是舊名。東甌、閩越本來是同一種文化，所以這裡又稱搖為閩君。

漢景帝時，爆發了吳楚六國之亂，為首的是吳王劉濞，劉濞失敗後逃亡東甌，東甌王殺劉濞，獻給漢朝。劉濞之子子駒逃亡閩越，勸閩越王發兵攻打東甌，漢武帝劉徹建元三年（前 138 年），閩越攻打東甌，東甌王被困，請求漢朝救援。漢朝派嚴助（東漢避漢明帝劉莊之諱改為莊助）發兵，從會稽郡出動海軍，解救東甌王，東甌人被全體遷到江淮。

據《史記・漢興以來將相名臣年表》，東甌王率四萬餘人遷到廬江郡。《越

〔註22〕徐傑舜、李輝：《嶺南民族源流史》，第 266 頁。

絕書》卷二《記吳地傳》：「（劉濞）還奔丹陽，從東甌。越王弟夷烏將軍殺濞。東甌為彭澤王，夷烏將軍今為平都王。」

彭澤王因彭蠡澤得名，彭澤是今鄱陽湖，因為彭蠡澤的北部是廬江郡，所以年表說住在廬江郡。漢代豫章郡彭澤縣，治今江西省彭澤縣西南。彭澤縣的南面和鄱陽縣相鄰，東甌王反秦時就是鄱陽縣令吳芮部下，吳芮北上伐秦，經過彭蠡澤，所以東甌人熟悉此地。

東甌王之弟為平都王，在今江西安福縣。《太平寰宇記》吉州（今吉安）安福縣記載東漢人歐寶，應是東甌人後代。同卷吉州廬陵縣引《天監起居注》：「五年，廬陵太守王希聃於高昌縣仙山獲龍泉光劍二口。」這很可能是西遷的東甌工匠所鑄，《越絕書》卷十一《記寶劍》：「楚王召風胡子而問之曰：寡人聞吳有干將，越有歐冶子，此二人甲世而生，天下未嘗有。」歐冶子是來自甌越的冶煉師傅，吉安的歐陽氏應是源自歐冶氏，宋代有歐陽修。當然，古代的專門技術都是在家族內部流傳，所以歐冶子的姓氏實際也是歐冶。《漢書‧地理志上》會稽郡說：「烏程，有歐陽亭。」烏程縣在今浙江湖州，是越地。

據《史記‧東越列傳》，元鼎六年（前 111 年），漢軍四路攻閩越，閩越的越衍侯吳陽、建成侯敖、繇王居股、將軍多軍都降漢，漢封繇王居股為東成侯，封建成侯敖為開陵侯，封越衍侯吳陽為北石侯，封多軍為無錫侯，閩越人也被遷到江淮之間。東成即九江郡東城縣（治今安徽定遠縣東南），無錫縣在今無錫，開陵縣在臨淮郡。

據《史記‧河渠書》：「河移徙，渠不利，則田者不能償種。久之，河東渠田廢，予越人，令少府以為稍入。」證明河東郡也有越人，《漢書》卷十七《景武昭宣元成功臣表》北石侯注：濟陽，錢大昭《漢書辨疑》卷七：「《索隱》曰《漢表》在濟南，今閩本與《索隱》同，汲古閣本誤。」〔註23〕則北石縣在濟南郡。《漢書》卷九五《西南夷兩粵朝鮮傳》又記：「故甌駱將左黃同斬西於王，封為下酈侯。」卷十七《景武昭宣元成功臣表》下注南陽，此縣在南陽郡，則今河南省的西南部也有閩越人。《漢書》卷十七《景武昭宣元成功臣表》說：「蒲侯蘇昌，以圉小吏捕反者故越王子鄒起侯。」蘇昌原是淮陽國圉縣（治今河南杞縣圉鎮）小吏，因捕獲本地反叛漢朝的越國王子

〔註23〕〔清〕錢大昭：《漢書辨疑》，《叢書集成初編》，北京：中華書局，1985 年。

鄒起，所以封侯。《漢書》卷八一《匡衡傳》：「衡封僮之樂安鄉，鄉本田堤封三千一百頃，南以閩佰為界。」匡衡封在僮縣（治今安徽泗縣）樂安鄉，南以閩佰為界，應為閩陌，可能是閩人所遷處。

還有閩越人遷到了今江西境內。《水經注》卷三九《廬江水》引《豫章舊志》曰：「廬俗，字君孝，本姓匡，父東野王，共鄱陽令吳芮佐漢定天下而亡。漢封俗於鄡陽，曰越廬君。俗兄弟七人皆好道術，遂寓精於宮庭之山。故世謂之廬山。漢武帝南巡，睹山以為神靈，封俗大明公。」廬山之名源自東野王的兒子越廬君匡俗，東野王輔佐鄱陽吳芮，封在鄡陽縣。鄡陽縣治今鄱陽縣西部，當時是陸地。閩越王建都東冶，訛傳為東野，所以東野王就是閩越王。

東甌內遷地在今江西，但閩越人分散在無錫、廬山、江淮、淮北、河東、濟南。可能主要因為閩越原來強大，所以必須分散。

西遷到江西廬山附近的越人，傳播道術，而西漢時期，源自武夷山的懸棺葬習俗恰好向西傳播。江西人認為懸棺葬來自武夷山，《太平寰宇記》卷一百七饒州安仁縣：「仙人城在縣東南二百里，其城皆峭壁危石，直上千仞，自古呼為仙人城。每天空無雲，秋日清皦，其上宮殿、倉廩，歷歷可見。」南宋王象之《輿地紀勝》饒州景物：「仙人城在安仁監溪，懸岩多大穴，中有鐵冶、鹽廠、倉廩、棺槨之屬，皆去人數千尺，世傳武夷仙人歸藏於此。」安仁縣是今江西餘江縣，同治《安仁縣志》卷四：「碣石峰在縣南七十里，與仙岩相近，平地屹立，高逼雲霄。山腰有岩竇，中有機杼、杵臼之類，特可望而不可即云。」

考古學者發現，武夷山的懸棺葬可以早到西周，江西貴溪龍虎山的懸棺葬在春秋戰國時期，[註24]西漢以後，懸棺葬西傳，到達湖北與四川。唐代劉餗《隋唐嘉話》卷下：「將軍王果嘗經峽口，見一棺於崖側，將墜，使人遷之平處，得銘云：更後三百年，水漂我，臨長江，欲墮不墮逢王果。」《太平御覽》卷五五九引《神怪志》：「王果經三峽，見石壁有物懸之如棺，使取之，乃一棺也。發之，骸骨存焉。有銘曰：三百年後，水漂我至長江垂。欲墮欲落，不落逢王果。果淒然曰：數百年前已知有我。乃改葬，祭之而去。」《太

[註24] 彭適凡：《論武夷山地區懸棺葬制的族屬──兼及其年代》、《江西懸棺葬的分布及貴溪崖葬的有關問題》，《中國南方考古與百越民族研究》，科學出版社，第 216～235 頁。

平寰宇記》卷八八瀘州（今瀘州）風俗：「夫亡，婦不歸家，葬之崖穴。」卷七六簡州（治今簡陽）風俗：「遭喪，乃以竿懸布，至其門庭，殯於別所，至其體骸燥，以木函盛，置於山穴中。」道光《綦江縣志》：「渝州遠近多七孔子，而綦江最多，橫於山巔，或河岩石壁上……去地什高，需數十步長梯可上，人窺內潔淨乾燥，空無所有。」現在綦江的崖墓以東漢為主，有的崖墓有紀年，岩畫有鳥、魚、花、人、馬、船、建築等。貴州習水縣發現漢代崖墓200多座，有的崖墓還有題記記載開鑿經過，很多崖墓有魚的岩畫。〔註25〕元代李京《雲南志略》：「土獠蠻，敘州南、烏蒙北皆是。男子及十四五，則左右擊去兩齒，然後婚娶。豬羊同室而居，無匕箸，手搏飯而食，人死者以棺木盛之，置於千仞巔岸之上，以先墜者為去。」敘州在今宜賓，珙縣麻塘壩的200多具懸棺葬是明代所葬。四川《嘉定府志》：「鑿岩為洞，山谷往往有之，有深數丈至數十丈者，傳晉、宋間獠人所鑿也。」明代田汝成《炎徼紀聞》：「犵狫，一曰犵獠……殯死有棺而不葬，置之崖穴間，高者絕地千尺，或臨大河。不施蔽蓋，以木主若圭羅，樹其側，號曰家親殿。」

　　我認為懸棺葬的西傳很可能與廬山的越族道士有關，廬山正是江西通往湖北的咽喉。湖北恩施懸棺葬部分骨骼的線粒體檢測結果接近侗水族群與臺灣土著，有學者認為閩越的部分移民發展為侗水族群或臺灣土著。〔註26〕我以為土家族先民中的侗水族群成分未必源自福建，很可能源自從廣西的東北部北遷的侗水族群，不能證明閩越發展為侗水族群。

〔註25〕白俊奎：《中國南方古代獠人墓葬文化遺存及其現代影響研究——以渝南黔北苗漢仡佬等為重點研究》，《僚學研究》第三輯（《藏天下》增刊），2019年。

〔註26〕徐傑舜、李輝：《嶺南民族源流史》，第260～261頁。

江西龍虎山崖洞葬內的棺木

重慶綦江漢代崖葬洞窟

綦江橫山鎮二蹬岩 5 號崖墓石刻舞蹈圖

綦江花兒岩崖墓與石刻圖

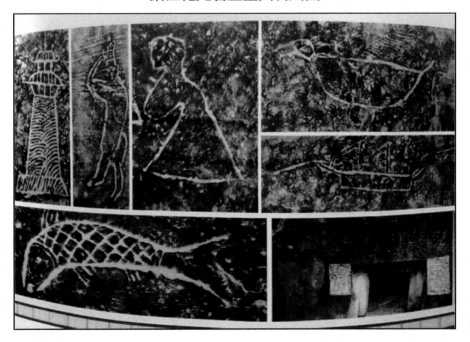

第五節　《越絕書》由來考

　　江南越人的漢化始自春秋時期，漢代江南平原已經基本漢化，但是南部山地的越人尚未漢化。所以東漢吳平、袁康寫的《越絕書》還能解釋一些漢化越語地名的本義，甚至有一篇越漢對譯的句踐《維甲令》。

吳平、袁康寫《越絕書》的秘密，隱藏在《越絕書》最末的自序：「維子胥之述吳越也，因事類，以曉後世。著善為誠，譏惡為誠。句踐以來，至乎更始之元，五百餘年，吳越相攻，復見於今。百歲一賢，猶為比肩。記陳厥說，略其有人。以去為姓，得衣乃成。厥名有米，覆之以庚。禹來東征，死葬其疆。不直自斥，託類自明。寫精露愚，略以事類，俟告後人。文屬辭定，自於邦賢。邦賢以口為姓，丞之以天。楚相屈原，與之同名。明於古今，德配顏淵。時莫能與，伏竄自容。年加申酉，懷道而終。友臣不施，猶夫子得麟。覽睹厥意，嗟歎其文，於乎哀哉！溫故知新，述暢子胥，以喻來今……姓有去，不能容也。得衣乃成，賢人衣之能章也。名有米，八政寶也。覆以庚，兵絕之也。於乎哀哉，莫肯與也。屈原隔界，放於南楚，自沉湘水，蟊所有也。」

明代楊慎破譯《越絕書》的作者是袁康、吳平，以去為姓、得衣乃成指袁，厥名有米、覆之以庚指康。我認為，從句踐到更始帝劉玄是五百年，袁康寫成初稿，自己向邦賢推薦，自於邦賢是自干邦賢之形誤。邦賢以口為姓、丞之以天指姓吳，屈原同名指平。吳平卒年在申酉之年，申、酉之年是甲申、乙酉年，即更始二年（24年）、三年（25年）。吳平可能修改了袁康的初稿，或者資助了袁康，所以下文提到賢人衣之，才有文章。書中的《記吳地傳》提到更始五年，則袁康在更始五年還在。劉秀在建武六年（30年）才攻下東南，此時東南還在用更始八年的年號。吳越在戰亂中相攻，袁康在戰亂中貧病交加，寫下最後的話，也可能是他人在袁康歿後記述。

王充《論衡・書虛》引用《越絕書・記地傳》的會稽山解釋，稱為吳君高之說，則吳君高即吳平。《論衡・案書》：「案東番鄒伯奇、臨淮袁太伯、袁文術、會稽吳君高、周長生之輩，位雖不至公卿，誠能知之囊橐，文雅之英雄也。觀伯奇之《元思》、太伯之《易童句》、文術之《咸銘》、君高之《越紐錄》、長生之《洞曆》，劉子攻、楊子雲不能過也。」前人指出吳君高的《越紐錄》即《越絕書》，紐、絕字形接近，《越絕書》開頭解釋書名，自稱《越絕》，錄、書都是後人添加的字。有人認為袁康是袁文術，但是證據竟然出自清代的《江南通志》，不知是否可信。如果袁康是臨淮人，則應是在西漢末年的戰亂中到江南避難，所以自序提到兵絕之也。

有人注意到《越絕書》分內傳、外傳，最末的第十九篇《敘外傳記》解釋《越絕書》以《太伯》開始、以《陳恒》結束的原因，但是我們今天看到

的《越絕書》第三篇《外傳記吳地傳》才以吳太伯開始，前面還有第二篇《荊平王內傳》，而第九篇《內傳陳成恒》之後還有九篇，最後的九篇除了第十四篇是《內經九術》，篇名全以外傳開頭，內經的名字和上文的內傳不合，所以最後的九篇應該全是外傳。則《越絕書》的首篇和最後九篇曾經被刪除，刪除的人可能是吳平而不是袁康。因為袁康是原作者，經吳平修改，吳平可能認為首篇記述楚國，比較突兀，而最後的九篇多是越國地理、商學、解夢、鑄劍、望氣、枕中等歪門邪道的內容，所以刪去。

吳平刪除過的《越絕》僅有內篇，鐵證就是今本卷十四的末尾，也即全書正文的末尾，列出各篇：《太伯》、《荊平》、《吳越》、《計倪》、《請糴》、《九術》、《兵法》、《陳恒》、《德序》，除了《兵法》之外全是今本的內篇。各篇的篇名和今本稍有差異，《吳越》應是今本的《吳內傳》，《陳恒》即今本的《陳成恒》。各篇順序和今本稍有差異，《太伯》排在最前面，可能是《記吳地傳》，也可能是今本失傳的一篇。

吳平的儒學水平較高，開頭的《本事》和結尾的《敘外》可能是吳平所寫，主要是闡發儒學。也有可能是《內傳陳成桓》被吳平改在最後，但又被袁康改回，此篇記載子貢出使各國，因為在《春秋》的末尾，所以吳平可能因此改在《越絕》的末尾，以呼應《春秋》。前五篇僅有《記范伯》、《記吳地傳》是外傳，《記吳地傳》是講述吳國的地理，可能被吳平刪改，但是袁康又放在第三篇，在《吳內傳》之前，可見吳平安排各篇的標準是儒學，而袁康的標準是科學，袁康認為應該先講地理，再談人事。

因此《越絕書》的作者應以袁康在前，吳平在後。吳平所作的內容不多，他修改的篇序又被袁康改回三篇，這就是現在本書正文前半部分中的三篇《外傳》，即第三篇《記吳地》、第七篇《紀策考》、第八篇《記范伯》。如果我們把呼應《春秋》的第九篇《陳成恒》刪去，把第五篇《計倪內經》、第六篇《請糴內傳》放到第十一篇《計倪》之下，才接近袁康原書的順序。

開篇《本事》和末篇《敘外》的結尾都提到《越絕書》是子胥所作，但是伍子胥顯然是漢代人的假託，這是古代常見的假託古人作書現象。開篇《本事》又自稱是吳越賢者所作，可見伍子胥是袁康的假託，被吳平改為吳越賢者所作。因為末篇結尾是袁康所寫，所以又假託伍子胥，但是袁康未修改吳平的《本事》。如果袁康是臨淮人，他所稱的邦賢吳平也可能是流寓江南的臨淮人。

　　有些人否定袁康、吳平是作者，甚至認為是楊慎偽造。〔註27〕我認為這種觀點非常無聊，抹殺了考據學的樂趣，王充的書兩次明確提到吳君高，豈能不存在。因為漢代太久遠，漢代的地方學者不可能都被歷史詳細記載，否定袁康、吳平的人顯然是讀書太少。還有人認為袁康、吳平也是隱語，袁康寓意袁術昌盛，吳平寓意吳國平安。〔註28〕我認為這種觀點非常荒謬，純屬臆測。我們在史書中看不到有東南士人擁護袁術，而且擁護孫吳的人和擁護袁術不是自相矛盾？《越絕書》也看不到東漢的資料，史書也找不到這樣署名的例子，這是以今度古。

　　甚至有人未讀懂《越絕書》最末的一段話，就說吳平的《越紐錄》被袁康的手中，被袁康剿竊。〔註29〕這個觀點極其荒謬，王充連看到的《越絕》書名都誤為《越紐》，豈能因為他不提袁康就否定袁康是作者？我們研究古書必須要從書的本來內容出發，而不能從王充的記載出發。王充也可能有誤解，王充未必認真讀懂了原書的內容，何況我們看到的王充文字可能僅僅是王充的隻言片語，不能代表王充的所有思想，畢竟漢朝人的一些書流傳到今天已經很不容易。很多人不認真分析原書的內容，僅從後人的記載出發，這是研究的誤區。

　　還有人從侗臺語系的語音來解釋《越絕》，認為絕是百越語，泰語的 cod 是記載，cod 的讀音接近絕的上古音。〔註30〕我認為此說不能成立，因為我們看到《越絕書》從頭到尾是濃厚的儒家思想，其中的越語實在太少，所以不可能用越語來命名。

　　我認為《越絕》的本名應該是《越劄》，因為上古音的絕是從母月部 dzuat，劄是莊母月部 tzhat，讀音非常接近，《越絕》本來是記載吳越歷史的劄記。此書確實有可能是袁康搜集了很多前人的零星資料，綜合寫成。因為漢代人喜用通假字，或者是吳越方言產生的差異，原始資料產生的時間可能很早，所以袁康看到這些資料四也未改動《越絕》的名字，或者他也不知道原名應是《越劄》。

　　有人雖然認為袁康、吳平收集了前人的資料，因而認為《越絕書》是多

〔註27〕張仲清：《越絕書校注》，國家圖書館出版社，2009 年。
〔註28〕李步嘉：《〈越絕書〉研究》，上海古籍出版社，2003 年，第 281 頁。
〔註29〕劉建國：《白話越絕書》序言，嶽麓書社，1998 年。
〔註30〕鄭張尚芳：《句踐「維甲」令中之古越語的解讀》，《民族語文》1994 年第 4 期。

人完成，但是仍然認為在袁康、吳平之前的作者就是「吳越賢者」。〔註 31〕
我認為「吳越賢者」不是袁康、吳平之前的人，而是袁康、吳平的自我託附，
因為這句話在首篇之中，而首篇已經是全書寫成之後的總論，出自袁康或吳
平的手筆。南宋人陳振孫的《直齋書錄解題》認為《越絕書》是戰國後人所
為，而漢代人又附益。有人誤以為是戰國時人，其實陳政孫說的是戰國之後
的人，未必是指戰國時人。戰國時的越地尚未完全漢化，應該很難出現此書。
因此我認為《越絕書》應該是袁康、吳平編寫，而不能稱為袁康、吳平輯錄，
否則是抹殺了袁康、吳平的功勞。

　　東漢中期的會稽山陰縣人趙曄寫出《吳越春秋》，已經完全脫離了《越絕
書》的半史半志性質，也看不出土著文化色彩，雖然趙曄比吳平、袁康晚了
近一百年，但是吳越之地的文化似乎已有不少變化。袁康、吳平的《越絕書》
代表了吳越之地漢化的完成，趙曄的書則是吳越之地完全漢化之後才能出
現。

　　這本《越絕書》保留了很多重要史料，《記吳地傳》、《記地傳》不僅記
載了很多自然地理，還有吳越的水路、陸路、農業、礦冶、造船、鹽業、城
市、信仰、藝術，還有吳越和齊國、東海外越、長人（韓國人）的交往史，
還有越國的各個王子宋王、搖王、荊王、干王混戰的歷史，還有楚國春申君、
秦始皇嬴政在吳地的活動。《記寶劍》記載風胡子把人類歷史分為石器時代、
玉器時代、銅器時代、鐵器時代，極有價值。

〔註31〕俞紀東：《越絕書全譯》前言，貴州人民出版社，1996 年，第 9 頁。

第七章　六朝隋唐嶺南越人

第一節　南朝嶺南政區地名與民族

　　嶺南早期文獻缺乏，幸而歷代正史的地理志保留了很多政區史料。和中國南方很多地區一樣，嶺南地區往往在分裂時期獲得較大發展。以政區為視角，我們可以發現，秦末漢初和六朝都是嶺南政區激增之時。秦代在嶺南設南海、桂林、象郡三郡，西漢滅南越後增加到九郡：南海、蒼梧、鬱林、合浦、交趾、九真、日南、儋耳、珠崖，據周振鶴師研究，元鼎六年有八郡，次年即元封元年，渡海在海南島置二郡，共有十郡。昭帝元鳳五年罷象郡，餘九郡。昭帝始元五年，並儋耳郡，入珠崖郡。元帝初元三年，罷珠崖郡。

一、六朝嶺南政區析置原因

　　孫吳的嶺南增設高涼郡，在南海、合浦之間，合浦是漢朝在南方的對外貿易中心，所轄五縣至少有三縣在南海邊，以海洋貿易為主要職能。《宋書·州郡志四》說高涼郡是孫吳建安二十三年立，吳又立高熙郡，太康中併入高涼郡。

　　桂林郡，《宋志》：「本縣名，屬鬱林。吳孫皓鳳皇三年，分鬱林，治武熙縣，不知何時徙。」桂林郡是鬱林郡的西江北部地區，靠近北方，可能有來自荊州的流民，所以析置一郡。

　　寧浦郡，《宋志》：「《晉太康地志》，武帝太康七年改合浦屬國都尉立。《廣州記》，漢獻帝建安二十三年，吳分鬱林立，治平山縣。《吳錄》孫休永安三年，分合浦立，為合浦北部尉，領平山、興道、寧浦三縣。」寧浦郡在鬱江

流域，連接南海邊的合浦郡，地位重要。

晉興郡，《宋志》：「晉元帝太興元年，分鬱林立。」此郡雖有十縣之目，但是沒有任何具體信息。左右江流域是偏僻之地，不應過早設郡。所以此郡之設，應是要打通鬱林郡和交趾的陸路。

東官郡，《宋志》：「何志故司鹽都尉，晉成帝立為郡。《廣州記》，晉成帝咸和六年，分南海立。」

晉康郡，《宋志》：「晉穆帝永和七年（351年），分蒼梧立，治元溪。」

新寧郡，《宋志》：「晉穆帝永和七年，分蒼梧立。」

永平郡，《宋志》：「晉穆帝升平五年（361年），分蒼梧立。」

東晉中期之前，新設的郡全在南海郡周邊，東官郡析自南海郡，而穆帝時蒼梧分出三郡，尤其突出。晉康在蒼梧、南海之間，新寧在蒼梧、高涼之間，永平在蒼梧、合浦之間，代表三條陸路乾道。

義安郡，《宋志》：「晉安帝義熙九年，分東官立。」

新會郡，《宋志》說東晉恭帝元熙三年，分南海郡立新會郡。又引《廣州記》云：「永初元年，分新寧立，治盆允。」並說不能斷定。

新會郡在珠江口西側，義安在嶺南最東，二地最後設郡，但是兩地海外交通理應發達，說明晉代嶺南新郡主要和陸路交通有關，而非海路交通。

宋康郡，《宋志》：「本高涼西營，文帝元嘉九年立。」

綏建郡，《宋志》：「文帝元嘉十三年立。」

海昌郡，《宋志》：「文帝元嘉十六年立。」

宋熙郡，《宋志》：「文帝元嘉十八年，以交州流寓立昌國、義懷、綏寧、新建四縣為宋熙郡，今無此四縣。二十七年，更名宋隆。孝武孝建中，復改為宋熙。」

樂昌郡，轄七縣，宋立，僅有縣名。

《南齊書·州郡志上》說：

> 越州，鎮臨漳郡，本合浦北界也。夷獠叢居，隱伏岩障，寇盜不賓，略無編戶。宋泰始中，西江督護陳伯紹獵北地，見二青牛驚走入草，使人逐之不得，乃誌其處，云此地當有奇祥。啟立為越州。七年，始置百梁、隴蘇、永寧、安昌、富昌、南流六郡，割廣、交朱三郡屬。元徽二年，以伯紹為刺史，始立州鎮，穿山為城門，威服俚獠。土有瘴氣殺人。漢世交州刺史每暑月輒避處高，今交土調和，越瘴獨甚。刺史常事戎馬，唯以戰伐為務。

劉宋以原合浦郡為基礎，設越州，治臨漳郡，本為合浦北界，《宋志》說先屬廣州。同時，新立六郡。又割交州、廣州三郡，即交州的宋壽郡、合浦郡和臨漳郡。

永寧郡在廣州海昌郡南，原來應是海昌郡地，析出永寧郡，海昌郡就不靠海了，原應臨海。

《齊志》說：

> 廣州，鎮南海。濱際海隅，委輸交部，雖民戶不多，而俚獠猥雜，皆樓居山險，不肯賓服。西南二江，川源深遠，別置督護，專征討之。卷握之資，富兼十世。

南齊的廣州析出廣熙、齊樂、齊康、齊建、齊熙五郡，齊康郡在雷州半島，前人歸入越州，其實不必改動，雷州半島可以通過海路與廣州往來。齊熙郡，析自桂林郡北部。廣熙郡，在晉康、高涼之間。

南齊的越州，析置高興郡、思築郡、鹽田郡、定川郡、隆川郡、齊寧郡（建元二年析鬱林置）、越中郡、馬門郡、封山郡、吳春俚郡，可見南齊的主要開闢地區是廣東的西南部到廣西的南部。

據《隋書》卷三一《地理志下》，梁、陳的嶺南政區大勢是新置衡州（治今英德）、瀛州（治今潮州）、新州（治今新興）、高州（治今陽江）、成州（治今封開）、羅州（治今化州）、合州（治今海康）、建州（治今鬱南）、雙州（治今羅定）、石州（治今藤縣）、東寧州（治今融水）、龍州（治今柳城）、靜州（治今昭平）、南定州（治今桂平）、桂州（治今桂林）、安州（治今欽州）、黃州（治今防城港）、崖州（治今儋州）、興州（治今越南永富省）、愛州（治今越南清化省）、利州、明州（治今越南河靜省）。〔註1〕

二、地名所見的嶺南土豪

我認為，嶺南新立政區的地名大體上可以分為三類：

（一）寓意地名，多數和武力征服有關，如平定、威寧。少數和美好希望有關，如安樂。也有兼而有之，如蕩康。還有一類和國號有關，如晉康、宋康、齊康。有些和流民有關，如義招、僑寧、招興。

（二）源自地理位置，如海鄰、石門。

（三）源自姓氏，又可以分為三類：

〔註1〕 胡阿祥：《六朝疆域與政區研究》，學苑出版社，2005年，第頁。

1. 純粹的姓氏地名，如永平郡夫寧縣、晉康郡夫阮縣、高興郡有夫羅縣，上古音的夫是幫母魚部 pia，即現在壯語的石山 bya、bia，今或譯為巴、岜，加上姓氏即寧山、阮山、羅山。

2. 姓氏地名加上平定的意思，比如永平郡有盧平縣、蘇平縣、毘平縣，鬱林郡有龍平縣，廣熙郡羅平縣，這些都是被平定的土豪姓氏。又宋康郡有威覃縣，覃是大姓。

3. 姓氏地名加上鄉字或方位字，如廣熙郡又寧鄉縣、龍鄉縣，永平郡有雷鄉縣、員鄉縣，這些地方原來就是鄉村。又如寧浦郡簡陽縣、高涼郡莫陽縣，簡、莫都是大姓。

4. 兩個姓氏的合成地名，如永寧郡杜羅縣、廖簡縣、龍蘇郡龍蘇縣。

姓氏地名集中的地方，說明土豪的勢力較強，第一類、第二類姓氏地名集中的地方尤其如此。我們發現姓氏地名，尤其是第一類、第二類最集中的地方是永平郡，其次是其南鄰的廣熙郡。永寧郡雖有也有兩例，但是姓氏合成地名說明不是一個大姓主導。高興、高涼、宋康郡也是邊緣地區，這些地方緊鄰。

土豪勢力最大的是永平郡，在雲開大山和珠江之間，其餘地區在其南部。六朝之前的西江南岸沒有一個縣，說明漢朝對這裡控制很弱。但是這裡又地處航運要地，所以有很大發展空間，所以這可能就是本地土豪勢力強大的原因。在肇慶市到陽江市一帶，漢代就設有臨允、高涼兩個縣，政府控制較嚴，所以土豪沒有在這一帶發展壯大。

《晉書》卷五十七《陶璜傳》說西晉平吳後交州牧陶璜上書：

> 又廣州南岸，周旋六千餘里，不賓屬者乃五萬餘戶，及桂林不羈之輩，復當萬戶。至於服從官役，才五千餘家。二州唇齒，唯兵是鎮。

這裡說到廣州南岸雖然面積很大，但是不屬官府的有五萬多戶，桂林郡不屬的有萬戶。官府能夠調遣的，只有五千多家。交廣兩州，完全靠軍事鎮壓。有學者認為廣州南岸指西江南岸，確實應作此解。孫吳開始在西江南岸立新寧縣（今梧州南部），這一地區最終在東晉開闢。

由於西江南岸地區開闢較早，正值六朝前期，所以這裡的土豪勢力被平定。到了南朝後期，開闢重點南移到廣東西南部到廣西南部，此時的國勢日衰，所以廣東南部的土豪居然在此時崛起。

三、南朝後期的嶺南土豪

《隋書》卷八十《譙國夫人傳》：

> 譙國夫人者，高涼冼氏之女也。世為南越首領，跨據山洞，部
> 落十餘萬家。夫人幼賢明，多籌略，在父母家，撫循部眾，能行軍
> 用師，壓服諸越。每勸親族為善，由是信義結於本鄉。越人之俗，
> 好相攻擊，夫人兄南梁州刺史挺，恃其富強，侵掠傍郡，嶺表苦之。
> 夫人多所規諫，由是怨隙止息，海南儋耳歸附者千餘洞。梁大同初，
> 羅州刺史馮融聞夫人有志行，為其子高涼太守寶娉以為妻。

高涼郡雖然在孫吳已設，但是原住民的空間還很大。南朝後期，這裡的
冼氏成為嶺南一霸。

值得關注的是高涼郡和海外貿易的關係，日本學者河原正博提出，高涼
郡有外國商人販賣人口到南海郡，《梁書》卷三三《王僧孺傳》：

> 尋出為南海太守。郡常有高涼生口及海舶每歲數至，外國賈人
> 以通貨易。舊時州郡以半價就市，又買而即賣，其利數倍，歷政以
> 為常。

《南史》卷五九《王僧孺傳》：

> 又外國舶物、高涼生口歲數至，皆外國賈人以通貨易。

似乎是外國商人販賣高涼奴隸，或者是高涼土豪販賣。〔註2〕無論如何，
海南島重新和大陸連為一體，引發中國南海的重大轉變，這一點河原正博沒
有提到。在此之前的南海航路都是從徐聞、合浦出發，沿越南海岸南下。但
是隋代的南海航路已經是從廣州直插到海南島東部，再到林邑。這個重大轉
變的發生時間不是隋代，而是南朝末年。正是因為海南島和高涼連為一體，
導致南海—高涼—海南島航路的開通。而這個航路帶來的貿易又保證了土豪
的繼續發展，所以唐代的高涼冼氏、馮氏衰落之後。在海南島東南部的馮氏
依舊是當地土豪，依舊依靠海外貿易為生。《唐大和上東征傳》記載天寶七
載（748年）鑒真第五次渡海，遭風漂流到了振州江口，又到了萬安州：

> 州大首領馮若芳請住其家，三日供養，若芳每年常劫取波斯舶
> 二三艘，取物為己貨，掠人為奴婢。其奴婢居處，南北三日行，東
> 西五日行，村村相次，總是若芳奴婢之住處也。若芳會客，常用乳

〔註2〕　〔日〕河原正博：《隋唐時代嶺南酋領馮氏與南海貿易》，《中外關係史譯叢》
第2輯，上海譯文出版社，1985年，第250～256頁。

> 頭香為燈燭，一燒一百斤。其宅後，蘇芳木露積如山，其餘財物，
> 亦稱此焉。〔註3〕

萬安州的首領是土豪馮氏，他依靠劫掠波斯商船獲得了大量財富，還劫掠船上人為奴婢。海南島的馮氏無疑是大陸馮氏的後裔，來到海南島的時間可能也是在南朝末年。

唐代高州治所良德縣古城冼夫人廟背嶺出土了銅人頭像仗首，現藏在湛江市博物館，有人認為為女崑崙奴。我以為不是女崑崙奴，很可能是冼夫人這樣的女首領塑像。

高州冼廟背嶺出土的唐代銅人像杖首

遂溪南朝墓出土西方金器

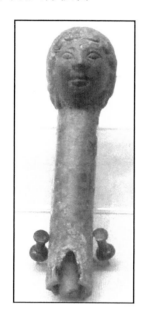

第二節　俚是侗水族群

漢族長期接觸大陸上的俚人，所以俚字也進入漢語，引申為鄙俚等義。俚人在漢代史書很少出現，六朝時期突然增多，顯然是因為六朝時期嶺南北方移民增多，漢化加速。此時漢人雖然沿珠江拓展，把侗臺族群和壯傣族群分隔，又從海岸、河谷四方深入，但是嶺南多數地方仍然是越人所居。

〔註3〕〔日〕元開著、汪向榮校注：《唐大和上東征傳》，第68頁。

　　俚是越人，《隋書》卷七八《耿詢傳》說他在嶺南和越人交好，被叛亂的俚人推為首領。卷二六《地理志下》揚州結論說：「其俚人則質直尚信，諸蠻則勇敢自立，皆重賄輕死，唯富為雄。巢居崖處，盡力農事。刻木以為符契，言誓則至死不改。父子別業，父貧，乃有質身於子。諸獠皆然。並鑄銅為大鼓，初成，懸於庭中，置酒以招同類。來者有豪富子女，則以金銀為大釵，執以叩鼓，竟乃留遺主人，名為銅鼓釵。俗好相殺，多構仇怨，欲相攻則鳴此鼓，到者如雲。有鼓者號為都老，群情推服。本之舊事，尉陀於漢，自稱蠻夷大酋長、老夫臣，故俚人猶呼其所尊為倒老也。言訛，故又稱都老云。」顯然，俚是侗臺語系的越人，而蠻是苗瑤語族民族，二者有別。

　　漢代的俚還很少見，《後漢書‧南蠻列傳》說：「建武十二年，九真徼外蠻里張游，率種人慕化內屬，封為歸漢里君……至十六年，交阯女子徵側及其妹徵貳反，攻郡。徵側者，麊泠縣雒將之女也……於是九真、日南、合浦蠻里皆應之，凡略六十五城，自立為王。」交阯與九真郡徼外在今越南的中部，蠻里是蠻和俚，很可能是一種南方民族泛稱。

　　六朝常見俚字，《宋書》卷九十二《徐豁傳》始興郡（今韶關）：「遏接蠻、俚。」卷五十四《羊玄保傳》：「（羊）希以沛郡劉思道行晉康太守，領軍伐俚……時龍驤將軍陳伯紹率軍伐俚，還擊思道，定之。」晉康郡治在今德慶，《南齊書‧州郡志上》：「廣州，鎮南海。濱際海隅，委輸交部，雖民戶不多，而俚、獠猥雜，皆樓居山險，不肯賓服。西南二江，川源深遠，別置督護，專征討之。卷握之資，富兼十世。」又說：「越州，鎮臨漳郡，本合浦北界也。夷獠叢居，隱伏岩障，寇盜不賓，略無編戶。宋泰始中，西江督護陳伯紹獵北地……啟立為越州。」又有吳春俚郡，在今廣東吳川。

　　嶺南俚人不是海南島的黎族，黎族很早隔絕在海南島，不可能大規模北侵到廣東。俚、黎都是指山，是同源字，《太平寰宇記》儋州風俗說：「俗呼山嶺為黎，人居其間，號曰生黎。」俚、黎都是指山上的人，嶺南漢人稱山上的越人為俚，也即山上人，海南島上的漢人也稱山上的黎族為黎，也即山上人。同源的異族會有同名，不能證明大陸上的越人和海南島上的越人同屬一支。

　　現在海南島北部的臨高、儋州、澄邁、瓊山、海口一帶有臨高人，說臨高話，人口 60 萬，現屬漢族。臨高話的固有根詞，有 50% 與臺語支同源，有 30% 與侗水語支同源，有 20% 與黎語支同源。臨高話的黃牛借自漢語，說

明他們在牛耕之前就南遷到海南島，應在春秋戰國之前。臨高人原來在海南島的分布較廣，現在文昌、瓊海有很多地名顯示原來是臨高人居地，文昌有蘭溪、蘭田、邁眾、邁南、邁號，瓊海有多異、多田、博鼇、博文、邁湯、美容。〔註4〕臨高人來自大陸，原來靠近壯傣族群與侗水族群，其實應該是出自這兩大族群的共同祖先侗壯族群。既然海南島北部很早就有來自大陸的壯傣族群或侗水族群移民，說明黎族不可能擴張到大陸。

古書經常把俚、獠分開，上引《南齊書》、《隋書》都是如此，《太平寰宇記》卷一六四梧州風俗引《南越志》：「新寧縣多俚、獠，善為犀渠，左太沖所謂戶有犀渠。」《隋書‧南蠻傳》：「南蠻雜類，與華人錯居，曰蜑，曰獽，曰俚，曰獠，曰㐌，俱無君長，隨山洞而居，古先所謂百越是也。」唐代《邕州圖經》：「提、㐌、俚、獠有四色，語各別，譯而方通也。」〔註5〕

對比《隋書》的五族和《邕州圖經》的四族分類，唯獨缺少了蜑，因為蜑是海上的蜑民，邕州不靠海，唐代的邕州包括今天廣西的西南部，範圍很大。《邕州圖經》明確說四個民族的語言差別很大，則是四個族群。獠是仡央族群，即仡佬的簡稱。另外三支，都是壯族。

欽州有三種越人：高梁人（蜑民）、俚人、獠人，《太平寰宇記》卷一六七欽州：「又別有夷人，名高梁人，不種田，入海捕魚為業。婚嫁不避同姓，用臘月為歲。俚人不解言語，交肱椎髻，食用手搏，水從鼻飲之也。又有獠子，巢居海曲，每歲一移。椎髻鑿齒，赤褌短褐，專欲吃人，得一人頭，即得多婦。高梁以下送葬，皆打鼓，春堂吹笙，箭用毒藥。」俚人的語言和獠人不同，在廣西的南部人看來非常特別。

我認為提是指廣西的南部壯族，今龍州、青州、防城、靖西、那坡等地的壯族自稱為 thai、tai，即提。傣族、泰族也是從這一帶遷出，名稱類似。提對應獽，即儂，儂氏在左江上游。

㐌是北部壯族，今宜州、南丹、河池、來賓、龍勝、柳城、柳江、上林等地的壯族自稱為 pou ɕuung 或 pou jai，桂西等地的壯族自稱為 jai，布依族也自稱為 jai，㐌是 jai，西北部壯族靠近布依族，所以名稱接近。

俚人的語言和壯族有差別，所以應該是侗水族群，雖然他們有很多在漢代就向西江上游和湘西、黔東遷徙，但是仍然有很多留在嶺南的山間。

〔註4〕 李錦芳：《侗臺語言與文化》，第60～62、302頁。
〔註5〕 〔宋〕樂史：《太平寰宇記》卷一百六十六邕州風俗引。

周去非《嶺外代答》:「欽民有五種;一曰土人,自昔駱越種類也。居於村落,容貌鄙野,以脣舌雜為音聲,殊不可曉,謂之蔞語。二曰北人,語言平易,而雜以南音。本西北流民,自五代之亂,占籍于欽者也。三曰俚人,史稱俚獠者是也。此種自蠻峒出居,專事妖怪,若禽獸然,語音尤不可曉。四曰射耕人,本福建人,射地而耕也。子孫盡閩音。五曰蜑人,以舟為室,浮海而生,語似福、廣,雜以廣東、西之音。」

周去非的五種人,對照《太平寰宇記》的欽州三種土著,俚人之名相同,蜑人即高梁人,則駱越可能是獠人。

駱越,形貌疏遠,應是南亞語系民族,此處是越南的京族。古書一直說交趾的原住民是雒越,即駱越。俚人無疑是壯族,周去非也說俚人的語言很特別。宋代的《寧越志》說:「俗有四民,一曰客戶,居城郭,解漢音,業商賈。二曰東人,雜居鄉村,解閩語,業耕種。三曰俚人,深居遠村,不解漢語,惟業耕為活。四曰蜑戶,舟居穴處,亦能漢音,以採海為生。」〔註6〕此處不提駱越,或許因為人數很少,所以忽略。

白州(今博白):「建寧縣有三種夷:獰、犴、臺。臺人稍類夏人,犴人之婦人偏袒皆露,獰人縵襠半股,並椎髻,與諸夷異焉。」〔註7〕我認為臺即傣,是南部壯族。獰即越南主體民族京族 Gin,軍和京讀音接近,縵襠遮住大腿,是東南亞的服裝,《梁書·扶南傳》作干漫,義淨《南海寄歸內法傳》序:「赤腳敢曼,總是其式。」慧琳《一切經音義》卷八一:「合曼,梵語也。遮形醜之下裳,如此方之褌褲。一幅物,亦不裁縫,橫纏於腰下,名白合曼也。」或簡稱為瞞,《隋書·真臘傳》作古貝瞞,《諸蕃志》三佛齊「身纏縵布。」博白的南部靠近海岸,所以有原來有越南人。

壯族之名,上古已有。西周的越裳就是越章,楚地的越章就是壯族,浙江的章姓源自壯族。明代壯族已經統稱為獞,《炎徼紀聞》卷四:「獞人,五嶺以南皆有之,與猺雜處。」獞即壯,1949 年改為僮,1965 年改為壯。

〔註6〕　〔明〕陳循、彭時等:《寰宇通志》卷一〇五引,《輿地紀勝》卷一百一十九引,南宋慶元初林會等撰。

〔註7〕　〔宋〕樂史:《太平寰宇記》卷一六七白州風俗引。

防城港博物館藏唐代三龍紋鈀鑼

第三節　六朝侗水族群北遷

　　侗水族群的再次大規模北遷，很可能在六朝時期。漢代從始安縣（今桂林）到廣信縣（今梧州）之間，空無一縣，孫吳在灘江兩側新設建陵、永豐、平樂、尚安四縣，又立始安郡。從孫吳到西晉初年，又在柳江流域新設程安、威定、武熙、龍岡、洋平、安遠六縣，新設桂林郡（治今柳州）。

　　漢代的賀江流域設縣數量超過柳江、灘江，此時柳江、灘江設縣數量激增，說明漢末有大量北方漢族南遷。《三國志・士燮傳》說交趾太守士燮：「體器寬厚，謙虛下士，中國士人往依避難者以百數。」此時天下大亂，荊州擾攘，湘江通往嶺南的通道寬平，有靈渠之便，廣西北部氣候接近嶺北。〔註8〕孫吳借助移民在廣西北部開闢很多郡縣，導致這一帶的侗水族群大舉北遷到貴州東南部。從灘江北遷的一支是侗族、仫佬族等，從柳江北遷的一支是毛南族、水族、莫家、錦家、佯黃人等。

　　隋開皇十七年（597年）：「桂州俚帥李光仕作亂。」李光仕的名字非常漢化。唐代聖曆時：「始安賊歐陽倩，擁徒數萬，剽陷州縣，授（裴）懷古桂州都督……左右曰：夷獠難親，未可信也。」〔註9〕歐陽是典型的湖南姓氏，說

〔註8〕　周去非《嶺外代答》卷四《廣右風氣》：「桂林氣候，與江浙頗相類，過桂林城南數十里，則便大異。杜子美謂宜人獨桂林，得之矣。」
〔註9〕　《舊唐書》卷一百八十五《裴懷古傳》。

明隋唐時期的桂林越人已經非常漢化。唐代道州停貢矮人，宋代已有著名學者周敦頤。北宋桂林有進士 32 人，漢文化已很發達。

此時侗水族群的主體已經從灕江一帶北遷到了貴州、湖南，所以宋代的侗族在文獻中已經是在湘西。

陸游說：「辰、沅、靖蠻，有犵狫，有犵獠，有犵欖，有犵獿，有山猺。外愚內黠，皆焚山而耕，所種粟豆而已。食不足則獵野獸，至燒龜蛇啖之。其負物則少者輕，老者重，率皆束於背，婦人負者尤多。男未娶者，以金雞羽插髻。女未嫁者，以海螺為數珠掛頸上。嫁娶先密約，乃伺女於路，劫縛以歸。亦忿爭叫號求救，其實皆偽也。生子乃持牛酒，拜女父母，初亦陽怒卻之，鄰里共勸，乃受。飲酒以鼻，一飲至數升，名鉤藤酒，不知何物，醉則男女聚而踏歌。農隙時至一二百人為曹，手相握而歌，數人吹笙在前導之。貯缸酒於樹陰，饑不復食，惟就缸取酒恣飲，已而復歌。夜疲則野宿。至三日未厭，則五日，或七日方散歸。上元則入城市觀燈。呼郡縣官曰大官，欲人謂己為足下，否則怒。其歌有曰：小娘子，葉底花，無事出來吃盞茶。蓋《竹枝》之類也。諸蠻惟犵狫頗強，習戰鬥，他時或能為邊患。」〔註10〕《宋史》卷四九三：「寶元二年，辰州猺獠三千餘人款附，以州將張昭懿招輯有功，進一官。」卷四九四說乾道間，有楊姓仡伶劫掠盧溪（今瀘溪縣）諸蠻，沅州有仡伶副峒官。仡伶可能是侗族，劫掠的是苗族。明代田汝成《炎徼紀聞》：「峒人，一曰峒蠻，居於牂牁、舞溪之界，在辰、沅、靖者尤多。」現在湖南會同縣侗族較多，有吉朗村。

唐代紓州有吉陵縣，在今廣西來賓西北，吉陵就是仡伶，或許說明侗族北遷時路過這裡。

清代嚴如煜《苗防備覽・風俗考》：「瀘溪仡佬居上五都之大章、小章、大西老、煙竹坪、下五都六保之洞廷山等寨及乾州之下溪口、鐵枕岩、把布、把金、上下百戶各寨，共計寨落百數十處，其民非苗非土，蓋別為一種類。」瀘溪縣的仡佬是侗族，而非仡佬族。仡佬是仡伶之誤，宋代瀘溪縣就有仡伶，今天瀘溪縣仍有侗族。不過今天侗族集中在其南部的芷江、新晃、玉屏、通道、三江侗族自治縣到天柱縣、錦屏、從江、榕江、融安縣、靖州苗族侗族自治縣、龍勝各族自治縣等地。

〔註10〕〔宋〕陸游撰、李劍雄、劉德權點校：《老學庵筆記》，北京：中華書局，1979年，第 44 頁。

水族通過環江北遷，唐代在環江上游設撫水州，或許源自招撫水族，現在大環江上游仍有水族。

宋代毛南族已經住在環江縣，周去非《嶺外代答》卷一《宜州兼廣西路兵馬都監》說：「宜處群蠻之腹，有南丹州、安化三州一鎮、荔波、贏河、五峒、茅灘、撫水諸蠻。」〔註11〕茅灘即毛南族。值得注意的是，環江的上游，漢代是毋斂縣，毋斂的讀音是 miua-liam，很接近毛南。

仫佬、毛南音近，清代記載：「天河縣邑分四鄉，縣東八里，咸伶種，名曰姆佬。」〔註12〕天河縣城是今羅城縣的天河鎮，咸伶即仡伶，即侗族，姆佬是仫佬族，說明古人知曉仫佬族是侗水族群的一支。

河池、柳州、黔東南、黔東南是族群種類密集之處，有仫佬族、毛南族、侗水、水族、布依族、佯黃人等多種族群，可能是多種原因綜合造成。地理原因是這一片地域恰好缺乏岩溶地貌，降水量較少，所以農業和氣候條件好。商業原因是海鹽輸入內地的要道，所以容易形成多個利益集團，這些都為民族的分化奠定經濟基礎。

貴州民族博物館藏水書古籍

〔註11〕〔宋〕周去非：《嶺外代答》卷一《並邊》，北京：中華書局，1999 年，第 4 頁。
〔註12〕《古今圖書集成》慶遠府部下。

　　水族和侗族在文字上有很大差異，侗族用漢字記載本族語言，但是水族發明了自己的文字。水族的文字稱為水書，有的是本族創造的象形字，有的是改造漢字的原有字形，有的來自宗教符號。

第四節　漢唐間海南島的建置沿革

　　關於漢唐時代海南島建置，譚其驤先生曾撰文認為漢元帝劉奭初元三年（前 46 年）罷珠崖郡後，直到隋煬帝楊廣大業六年（610 年），海南島才重歸中原王朝的統治。楊武泉先生撰文商榷，譚先生又有專文《再論海南島建置沿革》答覆，仍然堅持這一觀點。最近李勃先生又作文商榷譚先生這一觀點，認為初元三年後的西漢仍然領有海南島。〔註 13〕

一、西漢晚期不可能仍在海南島設郡縣

　　班固《漢書‧地理志下》記載合浦郡五縣為：「徐聞。高涼。合浦，有關，莽曰桓亭。臨允，牢水北入高要入鬱，過郡三，行五百三十里，莽曰大允。朱盧，都尉治。」譚文認為朱盧縣在大陸，李文認為朱盧縣在今海南島。

　　李文首先羅列大量清代人的著作，認為朱盧縣在今海南島上，其實這些清代人與漢代的時間距離和我們差不多，他們看到的清以前的傳世典籍也和我們差不多，他們的觀點為什麼就一定比我們高明呢？何況李文所列著作中，有大量前後因襲的方志，或是轉抄彙編的類書，不能代表個人考證水平。如果清代的著述與方志可以作為證據，那麼我們現在寫的文章兩百年後也可被後人據為鐵證，這合適嗎？我們要反駁譚文的觀點，就要直接針對譚文的考證，看其是否合理，而不能用這些清代的文字來反駁譚文。《漢書》卷六四《賈捐之傳》：「初，武帝征南越，元封元年立儋耳、珠崖郡，皆在南方海中洲居，廣袤可千里，合十六縣，戶二萬三千餘。」明確說二郡在海島，可見二郡和合浦郡以海峽為界。

　　譚文說現在沒有任何漢唐時期的史料證明漢代的合浦郡地到達海南島，李文引《舊唐書‧地理志四》：「後漢廢珠崖、儋耳郡入合浦郡」一句作為唐

〔註 13〕譚其驤：《自漢至唐海南島歷史政治地理——附論梁隋間高涼洗夫人功業及隋唐高涼馮氏地方勢力》、《再論海南島建置沿革》、《長水集續編》，人民出版社，1994 年。李勃：《漢元帝罷珠崖郡後海南島之歸屬考》，《中國邊疆史地研究》2009 年第 1 期。

代史料的證明，但是《舊唐書》是五代時人所編，距離西漢已有一千年之久，其中上古史地有很多錯誤，怎麼可以拿來作為憑據呢？所以李文反駁不能成立。

譚文發表以後，關於這一問題幾乎沒有什麼疑義。李文根據幾部明清方志，提出合浦郡的朱盧縣是原珠崖郡的顏盧縣所改。但是譚文已經說明顏盧縣是隋唐時期的縣，《新唐書·地理志七》崖州舍城：「有顏城縣，本顏盧，貞觀元年更名，開元後省。」漢代沒有顏盧縣，李文這一說法不合史實。

李文認為西漢海南島上有很多漢人，西漢王朝為了保護這些人，在罷珠崖郡後仍然管轄海南島的部分地區。這個說法不合事實，《漢書·賈捐之傳》記載賈捐之建議劉奭罷珠崖郡，劉奭聽從，並下詔說：「其罷珠厓郡，民有慕義欲內屬，便處之；不欲，勿強。」所謂慕義的民眾顯然不是漢人，而是海南島上漢化的原居民。所謂內屬無疑是離開原居地，如果真的如李文所說仍然管轄海南島，何必要用「內屬」兩個字呢？

范曄《後漢書》卷八十六《南蠻西南夷列傳》說：

> 其珠崖、儋耳二郡在海洲上，東西千里，南北五百里。其渠帥貴長耳，皆穿而縋之，垂肩三寸。武帝末，珠崖太守會稽孫幸調廣幅布獻之，蠻不堪役，遂攻郡殺幸。幸子豹合率善人還，復破之，自領郡事，討擊餘黨，連年乃平。豹遣使封還印綬，上書言狀，制詔即以豹為珠崖太守。威政大行，獻命歲至。中國貪其珍賂，漸相侵侮，故率數歲一反。元帝初元三年，遂罷之。凡立郡六十五歲。

這裡的「幸子豹合率善人還」一句，中華書局校點本在率善二字下面加橫線，校點者是把率善當作專名，其實率善雖然不是專名，但是確實應該連讀。率善就是從善，率善之民就是歸順漢朝的原居民，和慕義之民的性質一樣。葉其峰先生在專著《古璽印通論》的《兩漢魏晉的周邊民族及方國官印》一章列舉了近50方帶有率善二字的漢晉邊疆民族官印，比如漢率善氐佰長、魏匈奴率善仟長、晉鮮卑率善中郎將等。〔註14〕《賈捐之傳》這句話的意思是，孫豹聯合歸順漢朝的民眾，而李文居然把善人二字斷開，把善人解釋為漢族，當然都是錯誤。

范曄撰《後漢書》所用材料都是東漢人的書，范曄去漢不遠，能夠看到不少後世失傳的漢代古書，《後漢書》根本沒有提到西漢仍然管轄珠崖郡。《後

〔註14〕葉其峰：《古璽印通論》，紫禁城出版社，2003年。

漢書》卷四八《楊終傳》記載楊終上疏說：「故孝元棄珠崖之郡，光武絕西域之國，不以介鱗易我衣裳。」楊終是東漢初年人，也說珠崖郡已廢棄。

酈道元的《水經注》廣徵博引，在敘述海南島時也絲毫沒有提到仍然在島上設有郡縣，其他漢晉諸書也無一提到。東晉嵇含的《南方草木狀》明確說：「舊珠崖之地，海中之人皆不業耕稼。」〔註15〕也就是說，海南島上的珠崖郡晉代已經不存在。李文引《後漢書》卷四十《班固傳》的《東都賦》中「西蕩河源，東澹海漘，北動幽崖，南趯朱垠」一句，認為「朱垠」即珠崖，則東漢管轄到海南島。其實「趯」這個字有跳躍貌、踢、跳躍三個意思，〔註16〕《後漢書》注說：「趯，躍也。」張衡這段話是誇張東漢疆域的廣大，南躍珠崖似是而非，難作確解，只是文學修辭而已。同句上文說西蕩河源，難道東漢真的管理到黃河源頭了嗎？顯然沒有，可見賦文不能作為信史。

李文根據海南島出土的朱盧執刲銀印，認為西漢朱盧縣就在海南島。但是譚文早已詳細考證此印上的執刲為戰國時期的楚國官制，因為秦漢之際復國的楚懷王仍然使用戰國楚國的官制，所以這個官制一直用到秦漢之際，但是漢代以後已經沒有執刲官。李文完全沒有提及譚文的這一點，而且李文根據《漢書・百官公卿表上》二千石以上官員銀印青綬的規定，提出朱盧執刲銀印是西漢二千石級別官員所佩。本文認為李說絕不可信，因為這個規定不能說明西漢以前的情況。有學者認為這是南越國官印，1975 年在廣西合浦縣漢墓發現一方勞邑執刲官印，蛇鈕，樣式很像南越王文帝行璽的龍鈕，不是漢初銅印蛇鈕樣式。史書不記勞邑，或是南越國之邑。〔註17〕

朱盧是南方古族一支的通名，史書又作侏儒、周饒、僬（焦）僥等。〔註18〕珠崖也是通名，不但海南島有，廣西、越南都有這個地名，《漢書・地理志下》鬱林郡下說：「臨塵，朱涯水入領方。」又說：「增食，驫水首受牂柯東界，入朱涯水，行五百七十里。」這個朱涯水在今廣西左江上游，與珠崖是同源地名。《漢書・地理志下》記載日南郡有朱吾縣，在今越南，隔海與

〔註15〕〔晉〕嵇含：《南方草木狀》，華南農業大學農業歷史資產研究室編《〈南方草木狀〉國際學術討論會論文集》，農業出版社，1990 年，第 284 頁。

〔註16〕王力主編《王力古漢語字典》，第 1349～1350 頁。

〔註17〕黃展岳：《「朱盧執刲」印和「勞邑執刲」印》，《南越國考古學研究》，第 165～172 頁。

〔註18〕周運中：《〈山海經・海經〉西南部分考釋》，《中國邊疆民族研究》第三輯，中央民族大學出版社，2010 年。

海南島相望，朱吾也與珠崖同源，崖、吾都是疑母，前者支部，後者魚部，旁轉相近。珠崖不一定與海珠有關，因為朱涯水在內陸。

北宋樂史《太平寰宇記》卷一百六十七白州博白縣：「廢周羅縣，在縣東九十里。武德四年析金寧縣置。周羅山，周羅水，在縣界。」周羅縣，或即漢代的朱盧縣，周羅和朱盧的古音極近。《南齊書》卷十四《州郡志上》：「合浦郡：徐聞、合浦、朱盧、新安、晉始、蕩昌、朱豐、宋豐、宋廣。」此時的玉林一帶是北流郡、南流郡、定川郡，朱盧縣應該在博白、陸川一帶。譚其驤主編《中國歷史地圖集》第二冊等把朱盧縣置於今玉林市，沒有根據。朱盧縣在今博白縣東南，正是合浦郡另外四縣之中，合浦縣在西，徐聞縣在南，高涼縣、臨允縣在東，所以置都尉於此。此地也近海，同合浦縣一樣，現在離海已遠，但是當時比現在近。合浦、徐聞、朱盧、高涼均近海，合浦郡的海路非常重要。

二、東漢和孫吳的珠崖

司馬彪《續漢書·郡國志五》記載合浦郡五縣為合浦、徐聞、高涼、臨元、朱崖。二者轄縣，只有一個不同，所以譚文認為後者的朱崖是朱盧的訛誤，按字形確實比較接近。《後漢書》記載漢明帝劉莊永平十年（67年）儋耳降附，楊文認為是海南島的儋耳，譚文指出這是西南夷的儋耳，但是李勃先生不知儋耳是關於南方古族習俗的通名，居然仍舊誤以為是海南島的儋耳。

唐代所編的《晉書·地理志》說：「武帝元鼎六年，討平呂嘉，以其地為南海、蒼梧、鬱林、合浦、日南、九真、交趾七郡，蓋秦時三郡之地。元封中，又置儋耳、珠崖二郡，置交趾刺史以督之。昭帝始元五年，罷儋耳並珠崖。元帝初元三年，又罷珠崖郡。後漢馬援平定交部，始調立城郭置井邑。順帝永和九年，交趾太守周敞求立為州，朝議不許，即拜敞為交趾刺史。」

李勃先生居然根據這一段話提出馬援征過珠崖，[註19]其實這段講述的是交州歷史，不能斷章取義地把馬援平定交州與珠崖郡聯繫起來。而且有關馬援的一句話極為突兀，因為本自《後漢書》卷二四《馬援傳》：「軍至合浦而（段）志病卒，詔援並將其兵。遂緣海而進，隨山刊道千餘里。（建武）

〔註19〕李勃：《海南島歷代建置沿革考》，海南出版社、南方出版社，2008年，第79頁。

十八年春，軍至浪泊上……援將樓船大小二千餘艘，戰士二萬餘人，進擊九真賊徵側餘黨都羊等，自無功至居風，斬獲五千餘人，嶠南悉平。援奏言西於縣戶有三萬二千，遠界去庭千餘里，請分為封溪、望海二縣，許之。援所過輒為郡縣治城郭，穿渠灌溉，以利其民。」據此則馬援所建城郭在今越南沿海，馬援沿廣西、越南海岸前行，與海南島無關。至於李勃之書又引宋代以後的地理總志及地方志記載的海南島晚出馬援傳說，更不可憑信。

沈約《宋書》卷三十八《州郡志四》：

> 合浦太守，漢武帝立，孫權黃武七年，更名珠官，孫亮復舊。
>
> 先屬交州。領縣七，戶九百三十八。去京都水一萬八百。
>
> 合浦令，漢舊縣。
>
> 徐聞令，故屬朱崖。晉平吳，省朱崖，屬合浦。
>
> 朱官長，吳立，「朱」作「珠」……
>
> 朱盧長，吳立……

此處說朱盧縣是孫吳才設立，自然不確，這在《宋書》裏也很正常。很可能因為沈約看到的書中就把東漢的朱盧縣誤作珠崖，所以沈約誤以為朱盧縣是孫吳新立。

陳壽《三國志》卷五十三《薛綜傳》說：

> 薛綜字敬文，沛郡竹邑人也。少依族人避地交州……士燮既附孫權，召綜為五官中郎將，除合浦、交阯太守……呂岱從交州召出，綜懼繼岱者非其人，上疏曰：「……趙佗起番禺，懷服百越之君，珠官之南是也。漢武帝誅呂嘉，開九郡，設交阯刺史以鎮監之。山川長遠，習俗不齊，言語同異，重譯乃通，民如禽獸，長幼無別，椎結徒跣，貫頭左袵，長吏之設，雖有若無。自斯以來，頗徙中國罪人雜居其間，稍使學書，粗知言語，使驛往來，觀見禮化。及後錫光為交阯，任延為九真太守，乃教其耕犁，使之冠履；為設媒官，始知聘娶；建立學校，導之經義。由此已降，四百餘年，頗有似類。自臣昔客始至之時，珠崖除州縣嫁娶，皆須八月引戶，人民集會之時，男女自相可適，乃為夫妻，父母不能止。交阯麋泠、九真都龐二縣，皆兄死弟妻其嫂，世以此為俗，長吏恣聽，不能禁制。日南郡男女保體，不以為羞。……珠崖之廢，起於長吏睹其好髮，髡取為髲。及臣所見，南海黃蓋為日南太守，下車以供設不豐，撾殺主

簿，仍見驅逐。九真太守儋萌為妻父周京作主人，並請大吏，酒酣作樂，功曹番歆起舞屬京，京不肯起，歆猶迫強，萌忿杖歆，亡於郡內。歆弟苗帥眾攻府，毒矢射萌，萌至物故。交阯太守士燮遣兵致討，卒不能克。

據同書卷六十《呂岱傳》，黃龍三年（231 年）呂岱已經返回，這段話後又有黃龍三年，那麼這段話無疑在黃龍三年。薛綜小時候跟隨族人來到交州，做過合浦、交阯太守，他說的話無疑最為可信。上文省略的話中，有薛綜對東漢末年交州政治的很多論述，可見薛綜到交州的時候還是東漢晚期，他說：「自臣昔客始至之時，珠崖除州縣嫁娶。」說明他來到交州的時候，已經有珠崖縣。這裡的珠崖既然是和交阯麊泠、九真都龐二縣、日南郡並列，說明也是政區，但是下文又說珠崖廢棄，說明這裡的珠崖是珠盧（朱盧）的形訛，據《宋書》則朱、珠相通。因為薛綜做過合浦、交阯太守，所以他首先就舉這兩郡的例子。

其中「自臣昔客始至之時，珠崖除州縣嫁娶，皆須八月引戶，人民集會之時，男女自相可適，乃為夫妻，父母不能止」一句，眾所周知是描述華南民族風俗，但是「州縣」實在費解，因為珠崖縣從來沒有作過州治。

譚先生在答覆楊武泉先生的文中，認為這一段話不是《三國志》原文，是後人附入。這樣的推測可能也有問題，因為這一段話實在很長，後人附入的可能性很小。其實「珠崖除州縣嫁娶」指珠崖（應為朱盧）縣籍的人中，除了在州城和縣城比較漢化的人以外，除字在先秦就有除去的意思了。〔註20〕因為很多很多南方原居民做了漢朝的官吏，或者在和漢朝移民的長期相處中漢化，再從縣城遷居到郡城、州城。上引薛綜說到，很多中原的漢人遷來交州，華南的原居民不僅學會了漢字和漢語，還改習漢族風俗，學習漢文經書。薛綜說到九真太守儋萌和功曹番歆，從這兩個人的姓氏看出他們很可能是華南原居民，儋氏因儋耳得姓，番氏因番族得名。因此，譚先生認為這一段是後人添入《三國志》正文的觀點不能成立，又譚先生在答覆楊武泉先生的文中提到《北堂書鈔》引謝承《後漢書》有交阯太守周敞欲到朱崖、儋耳的記載，譚先生也認為此句既然不見於《藝文類聚》和《太平御覽》相應引文，也是後人偽添。其實《藝文類聚》和《太平御覽》成書較晚，或許《北堂書鈔》確有所本，不能證明是後人偽添。但是譚先生說東漢周敞只是用朱崖、

〔註20〕王力主編：《王力古漢語字典》，第 1586 頁。

儋耳指代海南島，並非是東漢時海南島上還有這兩個郡。譚先生的這個觀點是正確的，因為漢代撤郡後，只能用故郡的名字來稱呼這個島。

譚文引《三國志・吳書》的《陸遜傳》和《全琮傳》表明，孫權在黃龍二年確實出兵海南島，但是不僅無功而返，而且得不償失，並且根據二人傳記考證出兵之前的海南島上沒有設縣。

今按《三國志》卷四十七《吳主傳》記載赤烏五年（242 年）：「秋七月，遣將軍聶友、校尉陸凱以兵三萬討珠崖、儋耳。」同書卷六十一《陸凱傳》說：「赤烏中，除儋耳太守，討朱崖，斬獲有功，遷為建武校尉。」這說明陸凱不僅做過儋耳太守，而且在朱崖立國大功，這個朱崖無疑是在海南島上。

但是譚文認為赤烏年間吳軍打了敗仗，隨即撤回大陸。我們認為赤烏五年吳軍並沒有立即失敗，孫吳在海南島上設置的儋耳郡至少存在了很長一段時間。因為不僅陸凱仕途順利，聶友也在此戰之後飛黃騰達，同書《諸葛恪傳》裴松之注引《吳錄》說：「（聶友）後為將，討儋耳，還拜丹楊太守，年五十三卒。」丹楊即丹陽郡，是吳國都城所在，反映聶友此次征討珠崖大勝，深得孫權歡心。

至於《陸遜傳》說：「權欲遣偏師取夷州及朱崖，皆以諮遜，遜上疏曰：……又珠崖絕險，民猶禽獸，得其民不足濟事，無其兵不足虧眾……權遂征夷州，得不補失。」其實這裡說的是珠崖交通不便，民眾不習漢俗，即使得到了珠崖的民眾也不能使用，沒有這個兵源也無所謂。這是孫權用兵珠崖前與陸遜的討論，不說明征討珠崖的結果。何況後面一句只說征討夷州得不償失，不提珠崖，正說明了孫吳征討珠崖是獲勝的。夷州不是珠崖，而是臺灣。〔註21〕

而且唐代許嵩《建康實錄》卷二記載此事說：「九月遣將軍陸凱討定珠崖、儋耳郡。」〔註22〕《建康實錄》是許嵩參考了大量古書撰成的六朝歷史著作，所說陸凱討定珠崖、儋耳郡可能確有所本。因為海南島上的居民已經有兩百年沒有被征服，所以當然沒有戰爭經驗，開始時被順利平定。

《三國志》卷六十《全琮傳》說：

〔註21〕周運中：《夷洲與流求新考》，《廈大史學》第四輯，2013 年。又見周運中：《正說臺灣古史》，廈門大學出版社，2016 年，第 87～113 頁。

〔註22〕〔唐〕許嵩撰、孟昭庚點校：《建康實錄》，上海古籍出版社，1987 年。

赤烏九年，遷右大司馬、左軍師……初，權將圍珠崖及夷州，
皆先問琮，琮曰：「……然殊方異域，隔絕障海……」權不聽。軍
行經歲，士眾疾疫死者十有八九，權深悔之。後言次及之，琮對曰：
「當是時，群臣有不諫者，臣以為不忠。」

此處說征討珠崖及夷州的軍隊行軍經歲，也就是有好幾年，說明珠崖、
儋耳很可能存在到赤烏九年之後。也即吳國佔領海南島之後好幾年，才因為
氣候、疾病等原因難以有效控制海南島，於是漸漸退出。

而《宋書·州郡志》說吳國改合浦郡為珠官郡，孫亮改回合浦郡，前者
在《三國志·吳主傳》有明確記載在黃武七年（228年），後者也有佐證，《三
國志》卷六五《華覈傳》記載華覈上書孫吳末主孫皓說：

交州諸郡，國之南土，交阯、九真二郡已沒，日南孤危，存亡
難保，合浦以北，民皆搖動，因連避役，多有離叛，而備威減少，威
鎮轉輕，常恐呼吸復有變故。昔海虜窺窬東縣，多得離民，地習海行，
狃於往年，鈔盜無日，今胸背有嫌，首尾多難，乃國朝之厄會也。

說明合浦郡已經改回，但是孫吳末年已經不能有效控制交州南部諸郡。
從交阯、九真二郡陷沒看來，孫吳在海南島上復設的郡肯定也已不保。《宋
書·州郡志》說徐聞縣在孫吳時改屬珠崖郡，應該可信，這和孫吳的珠崖郡
部分地區在海南島不矛盾，因為徐聞縣在雷州半島最南端，作為往來接濟的
要津，劃給珠崖郡也是很合理的。

譚其驤主編《中國歷史地圖集》認為孫吳的珠崖郡轄徐聞、珠官二縣，
並且同治一處，即漢代徐聞縣。〔註23〕此說值得懷疑，按《輿地紀勝》瓊
州引《元和郡縣圖志》：「赤烏二年於徐聞縣立珠崖郡」、「於其地上立珠官一
縣，招撫其人，竟不從化」、「又於徐聞縣立珠崖郡，竟不有其地。」〔註24〕
我們不能確定珠官縣是在大陸還是在海南島，有學者根據「赤烏二年於徐聞
縣立珠崖郡」這一句話就認為孫吳珠崖郡一直治徐聞縣，〔註25〕其實既然是
三年後陸凱才平定海南島，那麼珠崖郡在三年後很有可能從徐聞縣移治海南
島。因為珠官縣移到海南島，或者是因為珠官縣所在的珠崖郡南擴到海南島，
所以為了與合浦郡改名的珠官郡區別，必須把合浦郡之名改回。

胡阿祥老師根據《初學記》卷八引西晉王範《交州記》的「朱崖在大海

〔註23〕譚其驤：《中國歷史地圖集》第三冊，中國地圖出版社，1982年，第30～31頁。
〔註24〕〔唐〕李吉甫撰、賀次君點校：《元和郡縣圖志》，第1090頁。
〔註25〕陳健梅：《孫吳政區地理研究》，嶽麓書社，2008年，第264～265頁。

中，南極之外，吳時復置太守，住徐聞縣，遙撫之」一句，認為孫吳沒有實際控制海南島，〔註26〕胡先生發現的這一史料確實很寶貴，但是「撫」字一般用於邊疆地區的羈縻統治，比如元明清時期的宣撫司、安撫司等，所以孫吳或許對海南島有一定管理。

三、兩晉和南朝的海南島

上文說到，孫吳末年已經不能有效控制交州南部，所以海南島上的珠崖郡也不能保全。《宋書・州郡志》說：「晉平吳，省朱崖，屬合浦。」如果孫吳的珠崖郡就在大陸，西晉應該能有效控制，怎麼會裁撤呢？《宋書・州郡志》說晉武帝司馬炎時在合浦郡新設了蕩昌和晉始兩個縣，如果西晉連雷州半島都不能控制，又怎能在合浦郡新設兩個縣？所以，孫吳在海南島復設的珠崖郡在西晉時期才正式裁撤。

《水經注》卷三六《溫水注》：

> 王氏《交廣春秋》曰：朱崖、儋耳二郡，與交州俱開，皆漢武帝所置，在大海中，南極之外，對合浦徐聞縣，清朗無風之日，遙望朱崖州如囷廩大。從徐聞對渡，北風舉帆，一日一夜而至。周回二千餘里，徑度八百里。人民可十萬餘家，皆殊種異類，被髮雕身，而女多姣好，白皙，長髮美鬢。犬羊相聚，不服德教。儋耳先廢，朱崖數叛，元帝以賈捐之議罷郡。

譚文考證王氏《交廣春秋》即《三國志・吳書・孫策傳》裴松之注記載太康八年廣州大中正王範上《交廣二州春秋》，晉武帝司馬炎太康八年（287年）還有朱崖、儋耳二郡，說明這二郡確實廢棄不久。當時徐聞縣到海南島需要一天，而大陸上的兩個縣一般也是一天的距離，所以徐聞縣在孫吳時劃歸海南島上的珠崖郡也很有可能。西晉時海南島有十萬人家，東吳時也不會少於幾萬。而且孫吳派朱應、康泰出使海外，積極發展海外貿易，海南島掌控海路，對孫吳來說是膏腴之地，所以孫權才要兩次征伐海南島，設置政區。

《隋書・經籍志》史部地理類書錄有：「《珠崖傳》一卷，偽燕聘晉使蓋泓撰。」珠崖在晉的最南端，但是撰寫《珠崖傳》的卻是從燕國來到東晉的使者，這是因為東晉和前燕很多有使節來往，〔註27〕前燕使者航海到東晉，因大風會

〔註26〕胡阿祥：《六朝疆域與政區研究》，第 84 頁。
〔註27〕黎虎：《六朝時期江左與東北地區的交通》，《魏晉南北朝史論》，學苑出版社，1999 年。

漂流到其他地方,《晉書》卷一百八《慕容廆載記》記載晉成帝司馬衍咸和五年（331 年）到六年「（慕容）廆使者遭風沒海。」蓋泓很可能漂流到海南島,所以撰有《珠崖傳》。這也說明東晉人很不熟悉海南島,還需要北方使者來撰寫《珠崖傳》。如果東晉人很熟悉海南島,還要蓋泓來寫《珠崖傳》嗎？六朝人撰有不少嶺南地理著作,但是我們發現其中關於海南島的資料很少。〔註28〕

雖然《宋書・文帝紀》說:「（元嘉）八年春正月庚寅,於交州復立珠崖郡。」但是《宋書・州郡志》居然沒有珠崖郡,說明劉宋珠崖郡設置極短,甚至可能是名義上的設置。因為雷州半島在劉宋時屬於越州,而海南島與交州之間隔著北部灣,這是海南島屬於交州的唯一記載。而且這條記載沒有下文,不知珠崖廢於何時。從《宋書》卷九七《夷蠻傳》記載宋文帝劉義隆元嘉八年（431 年）林邑國大舉入侵交州的記載來看,此次交州設置珠崖郡很可能因為接濟交州之急。元嘉二十三年平定林邑,最遲在這時已經沒有設置珠崖郡的必要了。馬援沿海進攻交趾,《三國志・呂岱傳》說:「岱表分海南三郡為交州,以將軍戴良為刺史,海東四郡為廣州,岱自為刺史。遣良與時南入,而徽不承命,舉兵戍海口以拒良等。岱於是上疏請討徽罪,督兵三千人晨夜浮海。」呂岱從廣州到交州就是走海路,當時最方便的就是海路。《三國志》卷四九《士燮傳》說交阯太守士燮在漢末交州戰亂中,趁機佔領合浦、九真、南海三郡,但是未得蒼梧郡,可見他的擴張也是通過海路。

而且《宋書・夷蠻傳》又說:「世祖大明中,合浦大帥陳檀歸順,拜龍驤將軍。四年,檀表乞官軍征討未附,乃以檀為高興太守,將軍如故。遣前朱提太守費沈、龍驤將軍武期率眾南伐,並通朱崖道,並無功,輒殺檀而反,沉下獄死。」宋孝武帝劉駿大明四年（460 年）打通往珠崖的道路,但是沒有成功,所以費沈被殺,說明劉宋後來也沒有佔領海南島。這時的合浦郡尚且有地方豪強如陳檀等需要平定,更沒有能力去佔領海南島了。前引李勃之書認為劉宋設有珠崖郡,當然不能成立。

西沙群島曾經發現一個瓷碗底部寫有大明年號,李勃引韓振華之說,認為這是劉宋經營南海的證據。其實這個瓷碗最多只能證明劉宋的船隻到過這裡,也有可能是擁有劉宋瓷碗的外國船隻經過這裡,甚至可能是劉宋的瓷碗被海浪帶到這裡,無論如何也不能說明劉宋曾經佔領海南島。如果我們在東

〔註28〕劉瑋毅:《漢唐方志輯佚》,北京圖書館出版社,1997 年。

非海岸發現中國瓷碗，能不能說明中國曾經佔領東非呢？即使劉宋時有中國人居住西沙群島，也不能證明劉宋佔有海南島，因為中國人移民到西沙群島畢竟比移民到海南島容易得多，因為西沙群島原來沒有什麼土著，而移民到海南島要面臨與原住民的矛盾。移民也不等於佔領，貿易總比戰爭頻繁，如果我們在海南島發現劉宋時期的瓷碗，同樣不能說明劉宋佔有海南島。

譚文引《隋書・地理志》珠崖郡「梁置崖州」，又引《太平御覽》卷一二七所引《輿地志》：「崖州珠崖郡……梁置崖州。」表明蕭梁再次在海南島設置政區。譚文還認為蕭梁的崖州是羈縻州，理由是上述《元和郡縣圖志》「又於徐聞縣立珠崖郡，竟不有其地」和《輿地紀勝》昌化軍引《元和郡縣圖志》「自漢至陳，更不得其本地。」〔註29〕其實前一句不能確定時間，很可能是指孫吳時期，不能用來指南朝後期。後一句是指昌化軍，即唐代的儋州，只能說明南朝不能領有海南島西南部，不能說明海南島東北部地區。

《玉臺新詠》卷八王訓《應令詠舞》注引《述異記》說：「香州，在珠崖郡。洲中出諸異香。千年松香，聞於十里，亦謂之十里香。」〔註30〕《隋書・經籍志下》有祖沖之《述異記》十卷，但蕭梁任昉也有《述異記》，此句出自後一《述異記》卷下，〔註31〕祖沖之的《述異記》已佚。又據《陳書》卷三十《顧野王傳》，上述《輿地志》是梁陳時人顧野王所著，也提到崖州珠崖郡，所以蕭梁時期應該設置了珠崖郡。譚文沒有斷言梁代是否設有珠崖郡，但是從設郡來看，梁代恐怕也不是完全不能控制的羈縻州。《述異記》卷下又說：「儋耳郡明山有二石，如人形，云昔有兄弟二人向海捕魚，因化為石，因號兄弟石。」說明，梁代可能還設有儋耳郡，當然也有可能只是抄錄前人著作，沿用儋耳郡這一地名。

《隋書》卷七十八《耿詢傳》：「耿詢，字敦信，丹陽人也。滑稽辯給，伎巧絕人。陳後主之世，以客從東衡州刺史王勇於嶺南。勇卒，詢不歸，遂與諸越相結，皆得其歡心。會郡俚反叛，推詢為主。」從俚人反叛時能推舉漢人為主看來，南朝後期，南方的各族人民已經比前代更加融合。這時蕭梁的崖州未必是羈縻州，《隋書》卷八十《譙國夫人傳》：

〔註29〕〔唐〕李吉甫撰、賀次君點校：《元和郡縣圖志》，第 1091 頁。

〔註30〕〔陳〕徐陵編、〔清〕吳兆宜注、〔清〕程琰刪補：《玉臺新詠箋注》，上海古籍出版社，第 346 頁。

〔註31〕〔梁〕任昉：《述異記》，《影印文淵閣四庫全書》第 1047 冊，臺北：商務印書館，第 627 頁。

> 譙國夫人者，高涼洗氏之女也。世為南越首領，跨據山洞，部
> 落十餘萬家。……越人之俗，好相攻擊，夫人兄南梁州刺史挺，恃
> 其富強，侵掠傍郡，嶺表苦之。夫人多所規諫，由是怨隙止息，海
> 南儋耳歸附者千餘洞。梁大同初，羅州刺史馮融聞夫人有志行，為
> 其子高涼太守寶娉以為妻。……遇侯景反，廣州都督蕭勃徵兵援
> 臺。……夫人總兵與長城侯陳霸先會於灨石，……及寶卒，嶺表大
> 亂，夫人懷集百越，數州晏然。……遂發兵拒境，帥百越酋長迎章
> 昭達。內外逼之，紇徒潰散。僕以夫人之功，封信都侯，加平越中
> 郎將，轉石龍太守。

所謂海南儋耳是今海南島上的故儋耳郡人，說明蕭梁初年海南島已經歸屬大陸的南梁州管轄。譚文說南梁州無考，或許是高涼州的訛誤，即高涼郡所置的高州。南梁州應接近海南島，但是不應該是高州，因為南梁州是越人自治地區，而高涼郡的太守是馮寶，可見南梁州沒有高涼郡。《隋書》卷三一《地理志下》高涼郡：「石龍：舊置羅州、高興郡。平陳，郡廢。大業初州廢。」石龍縣治今廣東化州，則羅州治今化州。又據同書，南朝高涼郡治隋代高涼縣（治今陽江）。《宋書・州郡志四》越州：「百梁太守，新立。」《南齊書・州郡志上》越州百梁郡轄百梁、始昌、宋西三縣，百梁郡治今合浦縣東部，因為今湛江北部無郡縣，所以百梁郡轄地可能達到雷州半島。南梁州可能是改百梁郡而立，這裡距離海南島較近，東面就是羅州和高涼郡，洗夫人還曾任石龍郡（治今石龍）守，合乎情理。作為漢族的馮氏和越人洗氏聯姻，說明南方民族融合達到新的高度。

但是《陳書》卷九《歐陽頠傳》說：「及（歐陽）頠至嶺南，皆懾伏，仍進廣州，盡有越地。改授都督廣、交、越、成、定、明、新、高、合、羅、愛、建、德、宜、黃、利、安、石、雙十九州諸軍事、鎮南將軍、平越中郎將、廣州刺史，持節、常侍、侯並如故。王琳據有中流，頠自海道及東嶺奉使不絕……子紇嗣……襲封陽山郡公，都督交、廣等十九州諸軍事、廣州刺史。在州十餘年，威惠著於百越。」梁末陳初，歐陽頠、歐陽紇領有全部嶺南，但是他管轄的十九州中沒有崖州，或許說明陳初沒有崖州建置。陳代在東南地區的疆域比梁代小，因此從崖州撤出。據上引《譙國夫人傳》，梁陳之時，洗夫人徵兵北上贛南，兩次平息亂局，不可能再有多餘兵力維持海南島上的崖州了。

而《陳書》卷十四《南康嗣王方泰傳》說：「太建四年，（陳方泰）遷使

持節、都督廣、衡、交、越、成、定、明、新、合、羅、德、宜、黃、利、安、建、石、崖十九州諸軍事、平越中郎將、廣州刺史。」譚文據此認為陳代有崖州，按《陳書》卷十一《章昭達傳》，章昭達在陳宣帝陳頊太建元年（569 年）平定歐陽紇，才將嶺南重新收歸中央。所以，陳代重建崖州可能是在太建以後，距陳亡不到 21 年。

四、結　論

西漢合浦郡朱盧縣在大陸，初元三年罷珠崖郡後海南島即無政區建置，東漢合浦郡珠崖縣是朱盧縣的訛誤。孫吳在海南島上復設珠崖郡與儋耳郡，不過到末年已經不能有效控制。西晉初年正式裁撤珠崖郡，再次放棄海南島政區建置。劉宋極短地設置珠崖郡，直到蕭梁初年重新設置崖州，但是梁末陳初因為戰亂又裁撤崖州，陳代後期恢復。

自從西漢退出海南島後，中原王朝如西漢、東漢、西晉都沒有在海南島設置政區，而在海南島復設政區的孫吳、劉宋、蕭梁、陳都是南方王朝，反映南方王朝更加重視海南島。蕭梁設置崖州既是南朝鼎盛時期國力強大的體現，又是嶺南漢越民族融合的結果。梁末陳初嶺南地方領導人之所以放棄崖州，主要是因為大陸的局勢混亂，無力再跨海建州。〔註32〕

海南省博物館的六蛙銅鼓　　　　　海南省博物館的銅鍋

〔註32〕附記：本文於 2009 年春寫成，即蒙業師周振鶴先生斧正，又曾經幾位師友過目指教。2010 年 11 月歷史地理年會之後，我在提交給會議全文的基礎上稍作修改。2010 年 12 月，我才在《中國歷史地理論叢》2010 年第 4 期上讀到趙志強先生的《西漢合浦郡朱盧縣新考——兼與李勃先生商榷》，該文與李文商榷的不少觀點與本文一致。但是本文多數內容探討六朝時期的海南島，趙文僅至孫吳，時段上並不重合，且本文在孫吳征討海南島這一問題上與趙文有不同看法。故在趙文發表後，本文未作較大改動。

第五節　唐宋廣西越人建國

　　晚唐左江上游的黃洞蠻侵擾廣西與湖南，《新唐書·南蠻傳下》：「西原蠻，居廣、容之南，邕、桂之西。有甯氏者，相承為豪。又有黃氏，居黃橙洞，其隸也。其地西接南詔。天寶初，黃氏強，與韋氏、周氏、儂氏相唇齒，為寇害，據十餘州。韋氏、周氏恥不肯附，黃氏攻之，逐於海濱。至德初，首領黃乾曜、真崇鬱與陸州、武陽、朱蘭洞蠻皆叛，推武承斐、韋敬簡為帥，僭號中越王，廖殿為桂南王，莫淳為拓南王，相支為南越王，梁奉為鎮南王，羅誠為戎成王，莫潯為南海王，合眾二十萬，綿地數千里，署置官吏，攻桂管十八州。所至焚廬舍，掠士女，更四歲不能平。乾元初……陷道州……進攻永州，陷邵州……建中元年，城敘州……貞元十年，黃洞首領黃少卿者，攻邕管……俄陷欽、橫、潯、貴四州……前後陷十三州……元和初，邕州擒其別帥黃承慶……自是邕、容兩道，殺傷疾疫死者十八以上……黃氏、儂氏據州十八，經略使至，遣一人詣治所，稍不得意，輒侵掠諸州。橫州當邕江官道，嶺南節度使常以兵五百戍守，不能制。大和中，經略使董昌齡遣子蘭討平峒穴，夷其種黨，諸蠻畏服。有違命者，必嚴罰之。十八州歲輸貢賦，道路清平。其後儂洞最強，結南詔為助。」

　　西原蠻在廣州、容州之南，邕州、桂州之西，應是廣州、容州之西，邕州、桂州之南，西原州在今左江上游。但是西原蠻首次進攻的不是邕州，而是桂州和湖南，主要是因為聯合了潯江的壯族。戎成王源自戎城縣，在今蒼梧縣龍圩鎮。桂南王源自桂州南部，今平南縣。這場大戰從至德元年（756年）延續到建中元年（780年），此後的戰亂侷限在潯州（今桂平）以南。說明廣西北部的民力消耗殆盡，現在廣西的東北部壯族很少，主要是因為這次大戰。唐朝最後在敘州築城，唐代無敘州，應是繡州，在今桂平南部。

　　漢代到唐代的靈山型、北流型銅鼓在北宋衰亡，北宋初年的廣西還裁撤了很多州縣，太祖時裁撤的縣集中在東南部的容州、鬱林州、賓州、橫州，恰好是靈山型、北流型銅鼓的地域，證明唐宋之際廣西的東南部文化變化很大，加速漢化，可能此時有很多北方移民到來。

　　環江的毛南族在宋代屬撫水州，沿龍江（今環江）而居，上游以藥箭射獵為生，下游種稻。衣服斑斕，以銅鼓集眾。在太宗雍熙、真宗咸平時有一些小的戰亂，大中祥符九年（1016年）侵擾宜州（今宜山）、融州（今融水），宋朝調集澄海軍與湖南潭州（今長沙）兵五千人鎮壓，改名為安化州。仁宗

寶元元年（1038 年），又侵擾宜州、融州，宋朝調集湖南邵（今邵陽）、澧（今澧縣）、潭三州戍兵數千人鎮壓。神宗元豐五年（1082 年），宋朝調集廣西、湖南軍隊，又調集在京驍騎兩營及江南、福建將兵三千五百人，次年平定。徽宗崇寧二年（1103 年），又發動戰爭，經略司遣將官黃忱等擊卻之。大觀二年（1109 年），酋長以三州一鎮戶口六萬一千來上，詔以知融州程鄰，往黔南路撫諭，安化上、中、下三州源自首領蒙氏的三房。因為其地北接黔州所領羈縻州，所以稱為黔南路。孝宗淳熙十年（1183 年），再攻內地，次年平定。這些戰亂雖然不出名，但是引發了鄰近環州人區希範的建國。

宋仁宗景祐五年（1038 年），環州（今環江）人、進士區希範與其叔正辭，從官軍討安化州的毛南族。擊登聞鼓，求錄用，被宜州知州編管全州（今全州）。區希範與白崖山酋蒙趕、荔波洞（今荔波）蠻，建大唐國，推蒙趕為帝，正辭為奉天開基建國桂王，希範為神武定國令公、桂州牧。慶曆四年（1044 年），攻下環州、鎮寧州及普義砦，次年被轉運使平定。蒙氏很可能是毛南族，安化州民有區、廖、潘、吳四姓，所以區希範要奉蒙氏為帝。區希範應該是壯族，荔波洞蠻應該是水族或布依族。區希範的戰亂雖然時間很短，地域很小，但是對同時代的儂智高起了很大影響。

值得注意的是，區希範的家鄉環江縣之北就是水族的聚居地，區希範的進士身份證明唐宋時期這一區域漢化的程度很深，產生很多本族精英，或許這能解釋水族產生本族文字的原因。

北宋仁宗時，越南人儂智高起兵，〔註 33〕攻下安德州（今靖西縣安德鎮），自稱南天國，建元景瑞。儂智高與廣州進士黃瑋、黃師宓及其黨儂建侯、儂志忠等謀劃，皇祐四年（1052 年）攻下邕州（今南寧），一直打到廣州，震驚宋朝。圍攻廣州五十七天不下，又退回廣西。五年，狄青率軍打敗儂智高。儂智高逃往大理，死在大理。至和元年（1054 年），宋軍攻入特磨（今雲南廣南），俘虜儂智高的母親和弟弟。儂智高能迅速攻下嶺南多地，因為當時的嶺南很多地方還以越人為主，即使廣東的漢化程度也不深。

景祐三年（1036 年），甲峒蠻掠思陵州（今寧明）憑祥峒（今憑祥）生

〔註 33〕有人認為儂智高是今廣西人，我認為未必，因為《宋史》卷四九五記載其母阿儂是左江武勒族，嫁給知儻猶州儂全福，儂全福被交趾殺害，阿儂嫁給商人，生下儂智高，儂智高殺其生父，冒姓儂氏。出據儻猶州，建國大曆，又被交趾俘虜，為交趾知廣源州，廣源州在今越南。儂智高的生父很可能是交趾商人，他生長在交趾，被交趾人看成是交趾人，所以被交趾任為知州。

口，殺登龍鎮將。嘉祐五年（1060年），又聯合交阯門州（今越南同登）人五千餘人，打敗官軍，廣西各地調軍。至和、嘉祐時，蘇茂州（今越南芒街）人也多次擾邊。熙寧八年，交趾進攻邕州、欽州、廉州（今北海）。周去非《嶺外代答》卷一和卷五記載，知廉州帶欽廉溪峒都巡檢使，防守邊境。欽州江東驛有博易場和越南貿易，欽州有富商來往四川，交換蜀錦和越南香料。

南丹州首領在神宗元豐三年（1080年）入貢，印文是西南諸道武盛軍德政官家明天國主，宋朝命令改為南丹州印。徽宗大觀年間，因為廣西路的安撫使王祖道想招納文州、蘭州（今東蘭），宜州都巡檢劉惟忠討好王祖道，認為南丹州富庶，應該先攻下南丹州，所以殺知南丹州莫公佞。其弟莫公晟連年圍攻觀州，劉惟忠戰死。宋朝增築高峰砦於富仁監側，改為觀州治所。連年戰亂，百姓流離，耗費錢財。崇寧年間，又在王口寨（今三江縣）設平州，耗費超過觀州，南宋廢觀州、平州。

宋代廣西越人起兵稱王的地域，比起唐代已經退縮到偏遠之地，說明廣西在唐宋之際持續漢化。

第八章　唐宋西南越人

第一節　牂牁的本義是川溪

夜郎國的都城瀕臨牂牁江，漢朝在夜郎之地設牂牁郡，牂牁的讀音接近蒼梧，上古音牂牁是 tsang-kai，蒼梧是 tshang-nga。傳說牂牁是繫船的大柱，《史記·西南夷列傳》牂牁江，《正義》引崔浩云：「牂柯，繫船杙也。」又引常璩《華陽國志》云：「楚頃襄王時，遣莊蹻伐夜郎，軍至且蘭，椓船於岸而步戰。既滅夜郎，以且蘭有椓船柯處，乃改其名為牂柯。」牂牁不可能源自楚人，越人原來稱繫船的大柱為牂牁。

我認為牂牁不是源自繫船的大柱，而是源自河流，布依語的河流是 suangl，馬來語的河流是 sungai，越南語是 song，讀音非常接近，因為馬來人就是南遷的越人。而 sungai、suangl 讀音非常接近牂牁，因為越人依水而居，所以自稱為河流之族。

現代漢語的川雖然讀 chuan，但是聲旁是川的順字讀 shun，馴字讀 xun。牂牁的本義就是河流，對應漢語的川、溪二字。現在馬來語的 sungai 被華人譯為雙溪，其實應是川、溪。溪字的上古音是 khei，對應 gl、gai。百越語的 suangl、sungai 分化為漢語的川、溪兩個字，漢語很多單音節的字都是從多音節的字分化出來，在其他語系之中保留了多音節的原形，這樣的例子還有很多，比如葛獠簡稱為獠。

牂牁可能從河流的本義，引申為河邊繫船的大柱或河邊祭祀的大柱。也可能牂牁從來不是指河邊的大柱，大柱是漢人的誤解。

　　板楯蠻七姓之中的第六姓是夕姓，夕、謝的上古音都是邪母鐸部 zyak，唐代有牂牁西謝、東謝、南謝，《新唐書》卷二二二下記載謝氏的族人椎髻，用銅鼓，巢居即住在木樓上，貴州五姓蕃之中又有石氏，石的上古音 zjyak 也很接近。夕的讀音接近蜀，應是源自蜀人。第五大姓度 dak 讀音也接近，不知是否也是源自蜀人。現在四川有庹姓，庹即度的誤寫，如同瞽姓誤寫為眢姓。板楯蠻又名賨人，宗即壯。板楯蠻住在閬中，閬源自壯族的支系儂 nung，是從貴州北遷的民族。《華陽國志‧巴志》記載板楯蠻有廖姓，即獠，源自仡佬族。又有藥姓，上古音 jiôk 接近夕，可能同源。

　　雖然牂牁不是源自大柱，但是越人確實在大柱之下祭祀，漢族的社樹就是源自上古南方的這種大柱。牂牁即蒼梧，蒼梧即湖南最南部的九嶷山，《山海經‧海內經》：「南方蒼梧之丘，蒼梧之淵，其中有九嶷山。」秦與南越國都有蒼梧郡，南越國還分封蒼梧王。

長沙馬王堆《地形圖》復原圖的九嶷山附近

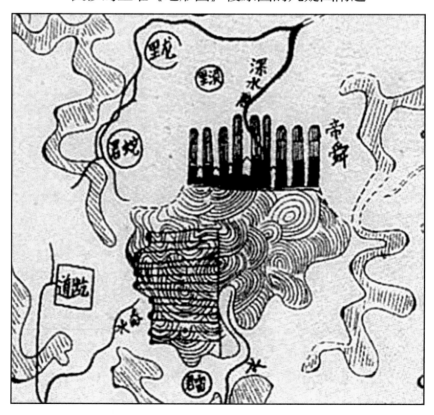

長沙馬王堆出土西漢地圖《地形圖》，在九嶷山的山頂畫了九個巨大的木柱，就是在解釋九嶷的由來。嶷的上古音是 ngiə，接近柯、梧，但是九嶷之名未必源自木柱，可能是後人誤解。《地形圖》表明西漢初年的漢人聽到九嶷山之名源自牂牁的說法，說明牂牁確實源自蒼梧。《地形圖》九嶷山周邊有蛇君、雷君，顯然是越人酋長的名字，雷即俚、黎。又有龍里，源自越人的龍崇拜。

江南也有牂牁，前人未曾注意，《史記・秦始皇本紀》說：「三十七年十月癸丑，始皇出遊……十一月，行至雲夢，望祀虞舜於九疑山。浮江下，觀籍柯，渡海渚。過丹陽，至錢唐。」

這個籍柯，我以為就是牂牁。因為籍的上古音是 dzyak，很接近牂 tsang，而且是在長江渡口，無疑是繫船的大柱。當時的丹陽縣城，在今江蘇南京南部的丹陽鎮，這裡原來靠近海口，所以波濤洶湧，需要大柱繫船，稱為奇觀。《後漢書・張禹傳》說：「建初中，拜揚州刺史。當過江行部，中土人皆以江有子胥之神，難於濟涉。」據《續漢書・郡國志四》，東漢的揚州刺史治歷陽縣（今和縣），就在丹陽對岸，這一帶長江變窄，兩側有采石磯、梁山，所以既是渡口，潮水又急。秦始皇就是從此渡江，說明東漢時從歷陽渡江還有洶湧的潮水。《晉書》、《建康實錄》記載，從晉穆帝永和七年（351 年）到晉安帝義熙四年（408 年），潮水 11 次湧入建康（今南京）西面的石頭城，最重的一次有上萬船隻沉沒，死者不計其數。

九嶷山的九個大柱可能是越人祭祀的場所，雲南江川縣李家山 69 號墓出土的漢代銅貯貝器，就有祭祀鐵柱雕塑，旁邊有兩個銅鼓。晉寧石寨山出土的漢代銅貯貝器，也有殺人祭祀鐵柱的雕塑，鐵柱上還環繞有蟒蛇和野獸。兩個雕塑，都有一群人抬著貴族或巫師。

石寨山出土貯貝器的殺人祭祀鐵柱

李家山出土貯貝器的祭祀鐵柱

第二節　南詔蒙舍源自傣族

　　南詔的《南詔圖傳》，畫出雲南大將軍張樂進求、西洱河右將軍楊農棟、左將軍張矣牟棟、巍峰刺史蒙邏盛、勳功大部落主段宇棟、趙覽宇、施棟望、

李史頂、王青細等九人鐵柱祭天，鐵柱的頂端有鳥，類似浙江越人的鳥首青銅杖。圖上文字：「其鐵主蓋僧帽變為石，今現在廣化群，今號銀生獸賧窮石村中。鐵柱高九尺七寸。」鐵主是鐵柱之誤，廣化群是廣化郡之誤，所謂僧帽變成是僧人附加在原有信仰上的說法。銀生節度使之地在今雲南的南部，多數是傣族之地，獸賧可能是偏遠之地，反映這種習俗很可能源自越人。西晉張華《博物志》：「越地深山有鳥，如鳩，青色，名曰冶鳥……越人謂此鳥為越祝之祖。」越地巫師認為鳩鳥是祖先，證明越人崇拜鳩鳥。

今雲南省彌渡縣城西北 6 公里的廟前村有鐵柱廟，正殿中間有南詔第十一世王世隆建極十三年（唐懿宗咸通十三年，872 年）所立的鐵柱，高 3.3 米，重約 2000 多公斤，上有銘文 22 字。鐵柱廟的西北就是張樂進求的白厓城，鐵柱廟很可能和張樂進求九人祭祀鐵柱有關。這個鐵柱的頂端有三條木雕的龍，令人想到李家山出土的銅貯貝器鐵柱上環繞的蛇，源自百越民族的蛇崇拜。因為南詔已經漢化，所以改為龍。

《南詔圖傳》鐵柱祭天

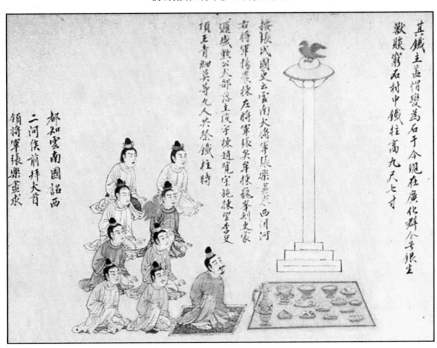

東漢馬援征交趾，在漢朝的南界立銅柱，其實是源自土著的習俗，很可能是馬援和土著歃血為盟，舉行祭祀，所以要立鐵柱為證，《水經注》卷三

六引《林邑記》說：「建武十九年，馬援樹兩銅柱於象林南界，與西屠國分漢之南疆也。」越南的南部當時是百越族群的南島語系族群，也即占城國的建立者，所以有類似的習俗。

唐代也曾經傚仿馬援，《新唐書》卷二一六上《吐蕃傳上》說唐中宗景龍元年（707年），派靈武監軍右臺御史唐九徵為姚巂道討擊使，進攻吐蕃在漾濞江邊通往西洱河的城池，又：「建鐵柱於滇池以勒功。」這也是用土著習俗來展示權威，這就是唐標鐵柱典故的由來。《南詔傳上》記載玄宗天寶八載（749年），何履光征南詔，十載（751年）取安寧城（今安寧），立銅柱。《馬揔傳》：「元和中，以虔州刺史，遷安南都護……建二銅柱於漢故處。」唐朝此時的南界比漢朝偏北，其實不是在漢代馬援銅柱之地。

馬楚也曾在溪州立銅柱，《舊五代史》卷一三三：「溪州洞蠻彭士愁寇辰、澧二州，（馬）希範討平之。士愁以五州乞盟，乃銘於銅柱。希範自言漢伏波將軍援之後，故鑄銅柱以繼之。」

石寨山出土有鳥形權杖頭，有的是鷹，有的是天鵝，有的是鴛鴦，兩側有明顯的帆狀直立羽毛。

雲南晉寧石寨山出土的鳥形權杖頭

大理東南的祥雲縣紅土坡戰國到西漢墓出土了不少鳥形杖首，類似紹興的鳥首青銅杖。漢代在今祥雲縣設雲南縣，雲南是一個典型的越語地名，證

明這種鳥杖是越人器物。祥雲縣和巍山縣之間就是彌渡縣，所以上古的越人應是從巍山、彌渡分布到祥雲縣。

雲南祥雲縣紅土坡出土的鳥杖首

蒙邏盛取代張樂進求，建立了南詔國。《南詔圖傳》文字卷開頭是：「《鐵柱記》云，初三賧白大首領張樂進求並興宗王等九人，共祭天於鐵柱側，主鳥從鐵柱上飛至興宗王臂上焉，張樂進求自此以後，益加驚訝，興宗王乃意此吾家之主鳥也，始自欣悅。」

大理國的古史《白古通記》說哀牢九子分別是十六國、吐蕃、漢人、東蠻（彝族）、蒙氏、獅子國（印度）、交趾（越南）、白厓張氏、白夷的祖先，這是南詔國建構的國族神話，又說：「諸葛武侯南征，師次白厓，立為酋長，賜姓張氏。遂世居雲南，或稱昆彌國，或稱白國，或稱建寧國。歷十七傳，當唐貞觀世，張樂進求以蒙舍酋細奴羅強，遂遜位燕。蒙氏者，烏蠻之別種也。」〔註1〕張樂進求的白厓城在今彌渡縣西北，張氏和蒙舍詔顯然是兩個民族，白厓城之北靠近白族之地，張氏是白族。所謂三賧白大首領，現在不能確定是哪三個賧，有人認為是洱海旁的浪穹、邆賧、施浪三詔，我認為未必是，樊綽《蠻書》明言這三詔是浪人。而且這三詔和白厓城之間的洱海西部原來是河蠻之地，所以張樂進求未必能管轄浪人三詔。

祭祀鐵柱的九人中，勳功大部落主段宇棟、趙覽宇、施棟望都來自洱海邊，施棟望應是施浪詔主，《蠻書》卷二《六詔》記載施浪詔主是施望欠，而浪穹、邆賧詔主是豐時、豐咩兄弟。因為白厓城在洱海去往中原的路上，所以白厓張氏成為首領。《新唐書》卷四十三下的安南通天竺道，經過雲南城、白崖城、蒙舍城、龍尾城（今大理下關）到大和（今大理太和城）。昆彌是昆

〔註1〕 王叔武輯著：《雲南古佚書鈔》，雲南人民出版社，1996 年，第 60～63 頁。

明，建寧國是建寧郡之誤。此處所說的蒙舍詔烏蠻不是樊綽《蠻書》的烏蠻（彝族），而是指傣族。可能是因為膚色較黑，而稱為烏蠻。

蒙舍詔與其北部的蒙嶲詔，都在今巍山縣，在漢代是邪龍縣，邪龍即夜郎的同源字，夜郎是百越族群。彌渡縣苴力鄉的三岔路、青石灣，都出土了青銅時代的銅鼓。〔註2〕

蒙舍詔所在的巍山縣之南就是銀生節度使之地，巍山縣之南不遠的雲縣原來是傣族之地，《蠻書》卷四：「從永昌城南，先過唐封，以至鳳藍茸，以次茫天連，以次茫吐薅。」唐封川可能在今昌寧縣，唐封的意思是唐朝的封疆，昌寧縣確實是唐朝的邊界。鳳藍的讀音接近雲縣北部的茂蘭，可能源自布朗族，現在雲縣北部還有布朗族。鳳慶縣還有佤族，佤族和布朗族都是南亞語系族群。吐薅的讀音接近雲縣的古名大侯，現在雲縣東南還有傣族，雲縣還有猛猛、猛統、猛底、忙懷、忙甩、忙峨、忙哀、忙糯、忙蚌、忙回、忙茂、曼品、慢籠、慢賴、慢幹、慢等、慢遮、慢光、南卯、南糯、糯灑、邦六、邦信、邦趕、邦東、邦別、邦洪、邦谷、那令、那戈、景東、丙令、丙鳳、大丙山等傣族地名。

鳳慶縣的猛祐、擺衣寨、忙瓦、忙平、忙崗、忙來、邦景、猛統、昌寧縣的猛統、猛廷、芒回、芒膽、芒幹、芒怕、芒棒、芒尾、芒九、芒翁、芒印、文筆都是傣族地名，昌寧縣的花石頭寨、八甲大山都出土了銅鼓，〔註3〕昌寧縣北部還有莽家土城，莽氏是傣族，清代《普洱府圖說》就有傣族的支系莽人。昌寧縣在巍山和保山之間，保山是漢代的永昌郡治，永昌郡是設在哀牢之地。昌寧、鳳慶的傣族地名不及雲縣，集中在南部。保山南部也有一些傣族地名，如丙麻、丙思季、芒海、那相。

古代氣候遠比今天濕熱，越人的分布也遠比今天更偏北，所以南詔應該源自百越族群。現在雲南和和四川邊界的金沙江河谷還有很多傣族，是今天分布地最北的傣族。今天金沙江和滇西南之間，歷史上也有傣族。今天孟連、普洱以北的傣族主要是沿河谷分布，以南是成片分布。

雲南的銅鼓出土地出了上文提到的騰沖、昌寧、晉寧、江川，還有臨滄、

〔註2〕 雲南省文化廳編著：《中國文物地圖集》云南分冊，圖片第139頁、文字第227頁。

〔註3〕 雲南省文化廳編著：《中國文物地圖集》云南分冊，圖片第149頁、文字第265頁。

楚雄、牟定、祿豐、姚安、祥雲、陸良、曲靖、永仁、丘北、廣南、麻栗坡、蒙自。銅鼓集中的地方在雲南中部的巍山到江川，其次是滇東南，證明越文化的影響原來很大。

現在巍山縣還有蒙新村，宋代安化州（今環江縣）毛南族首領姓蒙，毛南族是越人。蒙舍、蒙嶲的地名顯然是越語地名，而和洱海周圍的地名有差別，很多傣族地名以蒙字開頭，現在雲南省南部有很多。

南澗縣的文啟很可能也是傣族地名，因為其南部的景東、鎮沅、景谷等縣有大量文字開頭的傣族地名。因為歷史上彝族持續南遷，現在巍山、南澗縣有很多彝族地名。

樊綽《蠻書》卷四：「青蛉蠻，亦白蠻苗裔也，本青蛉縣部落……衣服言語與蒙舍略同。」西漢越嶲郡青蛉縣在大姚縣，青蛉的讀音接近車裏，很可能也是源自傣族，所以服飾、語言接近蒙舍詔，但是因為其位置偏北，所以受到白蠻文化的影響。

樊綽《蠻書》卷三記蒙舍詔：「自言本永昌沙壹之源也。」《後漢書·西南夷列傳》記哀牢人的女祖先沙壹，則蒙舍詔是哀牢人。《新唐書》卷二二二上明確記載南詔是哀牢夷之後，哀牢是百越族群，《後漢書》記載：「哀牢人皆穿鼻儋耳，其渠帥自謂王者，耳皆下肩三寸，庶人則至肩而已。」又記載哀牢人的祖先九隆是龍之子，所以哀牢人：「皆刻畫其身，象龍文，衣皆著尾。」哀牢人在身上紋龍，顯然是百越風俗。

我認為，哀牢 ai-lao 的原義就是我們獠人，傣語的 ai 是我們，這和漢語我字的上古音很接近，現在客家話的我讀 ngai，就是我字的上古音，lao 即獠。貴州東南部的佯黃人自稱為 ai-raau，即哀牢。佯黃人是百越族群，現在被歸入毛南族。《南詔圖傳》上的蒙舍詔首領細奴邏，穿寬鬆的長袍，赤腳，高髻，類似傣族，而非白族。

六詔的詔是王，《新唐書》卷二二二上：「夷語王為詔。」我認為就是傣族頭人的姓氏刀，召的聲旁就是刀。傣（泰）族建立的暹羅國，國王也稱為昭，潮州人鄭信幫助暹羅復國，稱為鄭昭，即鄭王。

樊綽《蠻書》卷五記載蒙舍詔：「地氣有瘴，肥沃宜禾稻。又有大池，周回數十里，多魚及凌芡之屬。川中水東南與勃弄川合流。南有籠磨些川。凡澄川河，蒙舍謂之川賧。然邑落人眾，蔬果水凌之味，則蒙舍為尤殷。」南詔多水，是典型的水居民族。南詔稱河谷為賧，這也是典型的越語，也即

潭。賧還成為南詔的政區通名，設置了很多賧。南詔的另一個最重要的政區通名，勃弄即布朗，勃弄川是今彌渡縣的苴力河，布朗族也是來自熱帶的民族。蒙舍詔東南的無量山也源自布朗，東南的哀牢山源自哀牢。《隋書》卷五三《史萬歲傳》說他到小勃弄、大勃弄，我認為小勃弄川可能是今彌渡縣的苴力河，大勃弄川可能是今巍山縣的西河，兩條河在今南澗縣注入禮社江。《蠻書》卷七：「槍、箭多用斑竹，出蒙舍、白崖詔南山谷，心實，圓緊，柔細，極力屈之不折，諸所出皆不及之。」因為蒙舍出產竹箭，所以兵力較強。

蒙舍詔和白蠻的語音有差異，《蠻書》卷八：「言語音白蠻最正，蒙舍蠻次之，諸部落不如也。」

樊綽《蠻書》卷三《六詔》明確說越析詔（今賓川）是白蠻，浪穹、澄賧、施浪，總稱為浪人、三浪詔，說明南詔不是白蠻。卷四《名類》：「西爨，白蠻也。東爨，烏蠻也。當天寶中，東北自曲靖州，西南至宣城，邑落相望，牛馬被野。在石城、昆川、曲軛、晉寧、喻獻、安寧至龍和城，謂之西爨。在曲靖州、彌鹿川、升麻川，南至步頭，謂之東爨，風俗名爨也。」白蠻西爨的地域，西到龍和城（今祿豐東南），這是東爨烏蠻（彝族）征服的白蠻之地。卷四說弄棟蠻（今姚安）、青蛉蠻（今大姚）都是白蠻，則從龍和城向西到越析詔，都是白蠻之地，卷五說：「渠斂趙，本河東州也……大族有王、楊、李、趙四姓，皆白蠻也。」趙州城在今大理東部的鳳儀鎮，則白蠻分布到洱海東部。但是白蠻的地域不可能到今巍山縣的蒙舍詔，不能說蒙舍詔人是彝族。《隋書》卷五三《史萬歲傳》說，渡西二河（西洱河），入渠濫川。渠濫、渠斂的古音是 kalam、kaliam，渠濫川應即洱海東南的波羅江。渠濫的古音 kalam 非常接近百越的干欄，不知是否因為此地原來是百越人所居。《元史》卷二九有蒙化州（今巍山）高蘭寨，可能在今南澗縣，高蘭可能也源自干欄。

南詔兼并了北部五詔，建都陽苴咩城（今大理），文化自然和白族融合，但是不能因此說南詔的統治者來自白族。因為大長和國的建立者殺死南詔皇族，所以現在大理白族的 Y 染色體中 O1 類型極少。

第三節　黔州所領民族十五種考

北宋樂史《太平寰宇記》卷一百二十黔州之後說：「控臨蕃種落：牂牁、

昆明、柯蠻、桂州、提㐌、蠻蜑、葛獠、沒夷、巴、尚抽、勃儺、新柯、俚人、莫猺、白虎。」

這十五種民族，蒙默先生有文詳考，〔註 4〕他用很長篇幅考證唐代昆明（彝族）東遷，非常合理。但是他說柯蠻是葛獠，提㐌是布依族，蠻蜑是侗族，沒夷是苗族，勃儺是木佬人，桂州在廣西，指水族，我以為這些考證都錯了。

原文有柯蠻，又有葛獠，說明柯蠻不是葛獠，葛獠肯定是仡佬族，蒙文也承認。蒙文認為柯蠻是仡佬族的證據很不充分，他說《新唐書》記載建中三年大酋長宋鼎就是明代水東土司宋氏，沒有證據。我以為柯蠻應是侗族，因為侗族自稱為 kam，柯的古音是 ka，所以譯為柯蠻，蠻是根據尾音 m，附會加上漢語的蠻字。侗族是現在貴州的第四大族，古代就居住在貴州，不可能失載。《太平寰宇記》卷一二一夷州寧夷縣下有廢雞翁縣，雞翁 kei-von 即柯蠻、克木。《元史》卷六三《地理志六》湖廣行省的八番順元宣慰司（今貴州），有雍真乖西葛蠻等處、葛蠻雍真等處（在今開陽）、新添葛蠻安撫司（在今貴定），葛蠻顯然即柯蠻，說明柯蠻在今貴州東部。

提㐌是布依族之說，也不能成立，因為原文中的沒夷讀音很接近布依，沒夷才是布依族，則提㐌不可能是布依族。蒙文也說壯族之中有自稱布岱的支系，但是他僅根據夷、㐌就說提㐌是布依族，證據不足。蒙文說沒夷是苗族的證據不能成立，他說苗族的自稱有 meng、mo 等，接近沒。我以為此說不能成立，原文中的蠻蜑才是苗族，古代很少有把苗族稱為沒的例子。

提㐌的古音的 dai，接近傣，傣語的 dai 是人，但是此處的提㐌不是傣族，因為傣族分布偏南，此處的提㐌應是壯族，因為壯族、傣族同源，壯族也自稱為 dai，今廣西龍州壯族自稱 tai，雲南部分南部壯族自稱為 dai，所以提㐌就是貴州南部或廣西北部的壯族。或許提是單指壯傣民族，㐌是指布依族，自稱 jai，西北部壯族也自稱為 jai。《太平寰宇記》卷一六九太平軍（今合浦）風俗：「夷人號越㐌，多採珠及甲香為業。親戚宴會，即以匏笙銅鼓為樂。」越㐌應是壯族，證明提㐌是壯族。

蠻蜑應是苗族，眾所周知，苗瑤語族的民族被中原古人習稱為苗蠻，唐代樊綽《蠻書》卷十：「又黔、涇、巴、夏四邑苗眾，咸通三年春三月八日，

〔註 4〕蒙默：《試釋太平寰宇記所載黔州「控臨番十五種落」》，《貴州民族研究》2014年第 11 期。

因入賊朱道古營柵，竟日與蠻賊將大虔楊阿觸、楊酋盛、柘東判官楊忠義話，
得姓名，立邊城，自為一國之由。祖乃盤瓠之後，其蠻賊楊虔等云綻盤古之後。
此時緣單車問罪，莫能若是。咸通五年六月，左授夔州都督府長史，問蠻、夷、
巴、夏四邑根源，悉以錄之，寄安南諸大首領。詳錄於此，為《蠻志》一十卷
事，庶知南蠻首末之序……按《夔城圖經》云：夷事道，蠻事鬼。夷、蜑居山
谷（注：蜑即蠻之別名），巴、夏居城郭。與中土風俗、禮樂不同。」

蜑是蠻的別名，所以說蠻蜑。蠻和夷的宗教不同，不是一族，古人能明
確區分。南詔的主體民族白族、彝族都是藏緬語族民族，故名為蠻，苗瑤語
族與藏緬語族都屬漢藏語系。而且蠻賊楊虔自稱是盤古（盤瓠）之後，說明
是苗瑤民族。蠻、夷、巴、夏，對應黔、溮、巴、夏。唐代無溮州，溮或是
溪州之誤，字形接近。溪州在今湖南西北部，是苗族、土家族居地，都是漢
藏語系，所以溪州對應蠻。黔州對應夷，因為黔州所屬民族多數是侗臺民族。

北宋樂史《太平寰宇記》卷一二一夷州（治今貴州鳳岡縣）風俗：「蠻、
夷之俗，頗有不通。」卷一一八澧州（治今湖南澧縣）風俗：「大同荊楚，然
少雜夷、獠之風。」

南宋《輿地紀勝》卷一百七十四涪州風俗引《涪州圖經》說：「其俗有
夏、巴、蠻、夷。夏則中夏之人，巴則廩君之後，蠻則盤瓠之種，夷則白虎
之裔。巴、夏居城郭，蠻、夷居山谷。」

上述兩書都明確說蠻、夷族源不同，蠻是盤瓠之後，說明是湘西的苗族。
夷是白虎之裔，白虎是四川板楯蠻之後，即土家族，不是侗臺語系的夷人。
巴人是漢化的土家族，夏是漢人。

上古人就分得很清楚，《逸周書·王會》：「卜人以丹沙。夷用□木。康民
以桴苡。」卜人是濮人，中國的丹砂主要產自貴州、重慶、湖南、湖北交界
處。康民就是昆明，也即藏緬民族。夾在二者之間的夷，就是侗臺民族，此
處主要指在今貴州的侗臺民族。

蠻是苗瑤民族，獠是侗臺民族，卷一百二十黔州（治今彭水縣）風俗：「雜
居溪洞，多是蠻、獠。」卷一二二思州（治今務川縣）風俗：「蠻、獠雜居，
言語各異。」西高州（治今正安縣）：「生獠語言或通。」黔州、思州、夷州
偏東，所以有苗族，西高州偏西，多是生獠（仡佬族）。

勃欗的讀音最接近毛南，應是毛南族，現在毛南族聚居在在廣西環江縣，
北鄰貴州。毛南族的祖先應是從貴州南遷，唐代應州有婆覽縣，應是源自毛

南族，在今貴州。今貴州荔波縣有茂蘭鎮，很可能是毛南的音訛，原來是毛南族居地，其南緊接環江縣。

桂州是州名，不是族名，但是應該對應一族。蒙文說桂州是指桂州總管府下的撫水州、環州，此說不確，桂州總管府治今桂林，管轄範圍很廣，為何特指撫水州、環州？而且此處所說是黔州所管，不是桂州所管。我以為桂州應即今貴州的由來，即唐的矩州，在今貴陽，讀音接近。《新唐書·地理志七下》江南道黔州都督府莊州：「故隋牂牁郡地，南百里有桂嶺關……貞觀中又領清蘭縣，後省。」其下又有清州，清蘭、清州或在今清鎮，桂嶺是今苗嶺。既然桂州在今貴陽，則桂州一族很可能是木佬人，因為木佬人居住在貴陽附近，古代分布範圍更大。桂州的讀音也接近第三章第一節討論的仡兜，仡兜的地域正是在今貴陽附近。

尚抽難以考證，可能是仡佬族的支系多羅，即古代文獻的土獠。也可能是水族，抽讀為由，尚抽的急讀為 sou，接近水族自稱 sui 的讀音。

牂牁對應布央人，上文已有考證。莫猺是瑤族，巴人是土家族，都很清楚。俚人是侗臺民族，但不是黎族，壯族、傣族的自稱 dai 與黎族的自稱 lai 可能源自 dlai。我在上文已經論證俚人指侗水族群，則此處的俚人可能是水族，水族是貴州的重要民族。

新柯，蒙文認為是龍山土家族稱保靖土家族為沙卡，我認為此說成立，孫吳在今恩施設沙渠縣，上古音的渠是 ka，沙渠即沙卡。在今泰國和馬來西亞交界處的山地有原始民族 Sakai，讀音接近。所以土家族中的沙卡人，很可能源自被同化的原始民族。

所以黔州的十五種民族，牂牁是布央人，昆明是彝族，柯蠻是侗族，桂州是木佬人，提包是壯族或布依族，蠻蜑是苗族，葛獠是仡佬族，沒夷是布依族或仫佬族，巴人是土家族，尚抽是土獠，勃儺是毛南族，俚人是水族，莫猺是瑤族，白虎的南遷的板楯蠻，新柯是土家族。

第四節　唐宋南平獠的變遷

唐高宗武德二年（619年）在渝州（今重慶）之南，設南州，轄六縣。三年改名樊州，四年改名南州。太宗貞觀五年（631年），設三溪縣。十一年，廢扶化、隆巫、靈水三縣。十七年，廢丹溪縣。玄宗先天元年（712年），改隆陽縣為南川縣。

三溪縣的名字，源自葛溪、東溪、樊溪，樊溪即今綦江，東溪在今綦江東溪鎮。東溪和綦江（樊溪）交匯處的南面，又有一條小溪，今有地名黃葛洞，這條小溪應即葛溪，則三溪縣治應在今東溪鎮。〔註5〕在三條河流交匯處，現在有碼頭、王爺廟、古橋、古道和四塊古碑。碑文完全脫落，年代不詳，應該在宋代之前。南宋《方輿勝覽》卷六十南平軍記載東溪有市場，有孝感橋。

東溪鎮附近地圖

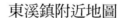
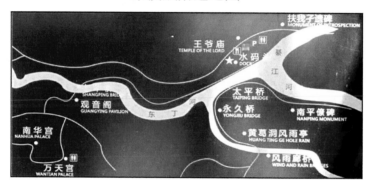

綦江東溪鎮的四塊古碑

東溪鎮古橋、古道

　　貞觀十七年，又在賨渝之地，設溱州與榮懿、扶歡二縣，扶歡縣在今綦江扶歡鎮，榮懿縣在今萬盛。我認為賨渝的讀音接近今仡佬族支系多羅，也即古代文獻的土獠。

　　唐代另有渝州南平縣，在今重慶東南。《新唐書》卷二二二下：「南平獠，東距智州，南屬渝州，西接南州，北涪州，戶四千餘。多瘴癘。山有毒草、沙虱、蝮虵。人樓居，梯而上，名為干欄。婦人橫布二幅，穿中貫其首，號曰通裙。美髮髻，垂於後。竹筒三寸，斜穿其耳，貴者飾以珠璫。俗女多男少，婦人任役。昏法，女先以貨求男。貧者無以嫁，則賣為婢。男子左衽，露髮，徒跣。其王姓朱氏，號劍荔王。貞觀三年，遣使內款，以其地隸渝州。有飛頭獠者，頭欲飛，周項有痕如縷，妻子共守之。及夜如病，頭忽亡，比旦還。又有烏武獠，地多瘴毒，中者不能飲藥，故自鑿齒。」南平獠地域遼闊，西接渝州，南接南州。南平獠的風俗應和南州等地的土著風俗接近，靠近貴州，鑿齒是仡佬族風俗，貴州北部有仡佬族。

　　北宋仁宗慶曆八年（1048 年），黔州所領羈縻州南州、溱州改屬渝州。皇祐五年（1053 年），在南州設南川縣。

　　神宗熙寧四年（1071 年）正月乙未：「渝州南川縣巡檢、供奉官李宗閔，都監司指使、散直李慶等，領兵遇夷賊李光吉等於木藍寨沙溪界，皆死之。詔孫構等處置妥帖，無致滋張，漸為邊患。仍遣太常少卿江中行往夔州路體量，遂以中行為提點刑獄。先是，南川、巴縣熟夷李光吉、王袞、梁承秀三族，各有地客數千家，間以威勢誘脅漢戶，不從者屠之，沒入土田，往往投充客戶，謂之納身，稅賦皆里胥代納，莫敢督。藏匿亡命，人不敢詰。數以其徒偽為獠人，劫邊民數百家，及官軍追捕，則言獠人遁去，習以為常，邊民畏之不敢以實告。厚賂州縣民，覘守令動靜。光吉稍築城堡以自固，繕修器甲，遠近患之。轉運判官張詵，建議請誅之，詔遣權度支判官孫構為轉運使，與詵共議。時熙寧三年二月也。構、詵密以方略授兵馬使馮儀、牟簡、杜安行使圖光吉等，且於緣邊州縣儲軍需以待，事聞報可。構初令儀等，以禍福開諭光吉、承秀地客，納質聽命，使各安生業，復進兵窮討，久未就誅。會宗閔敗，詔構等厚賞，開其自新。又詔：詵首議討捕光吉等，今殺巡檢使臣，多喪軍士，且不得賊。詵已任滿可令再任，責之躬自討賊。遂詔詵再任……（十二月）十八日甲辰復賓化縣。」

　　熙寧八年（1075 年）四月乙巳：「知黔州、內殿崇班張克明言，領思、費、

夷、播四州，又新籍蠻人部族不少，語言不通，習俗各異，若一概以救律治之，恐必致驚擾，乞別為法。下詳定一司救所，請黔南獠與漢人相犯，論如常法。同類相犯，殺人者罰錢自五十千，傷人折二支已下罰自二十千至六十千。竊盜視所盜數，罰兩倍。強盜視所盜數，罰兩倍。其罰錢，聽以畜產器甲等物計價準當。從之。」

六月：「南州獠叛。詔秦鳳路都轉運使熊本，往夔路，體量安撫，經制渝州獠賊。」八月庚午：「中書、樞密院言，渝州獠賊菊曩二、木琴、木斗等二十餘族犯邊，請降救牓付熊本。乃詔：犯邊夷人能自歸，免其罪，元謀人自相捕殺準此，仍議推恩。」十一月庚申：「熊本言攻破獠賊駱益、王本二等七寨，木斗翁等四囤，獲老幼婦女百三十三人，斬首六十六。其木斗翁等四十八人來降，乞許令引見。詔木斗翁與奉職，安穩二與借職，木斗七等十一人與京東、西州軍教練使，給月俸，安李等四十二人送京東西、淮南州軍安置，各給田二頃，仍計口支糧三年。舊紀云，熊本破獠駱益等七寨、四囤，新紀不書。《熊本集‧紀險篇》云：十月二十日自渝州領兵入界，留南平軍凡六十日，九年正月六日旋師……以渝州南川縣銅佛壩為南平軍。熙寧四年，既討定李光吉、王兗舊地，置榮懿、扶歡兩寨。其外有銅佛壩，近南接西南烏蠻、昆明、哥蠻、大小播州等蕃界，數十部族據有之。後朝廷因補其土人王才進，充巡檢，委之把拓。及才進死，部族無所統一，數出盜邊。命熊本往討平之，於是本言所開拓皆膏腴地，至林箐深密處，皆可募民開畬佃種，謂宜廢南川縣，於此置軍。又以使臣為梓夔路都監、知軍兼沿邊都巡檢，稍置官屬，並領榮懿、扶歡二寨，增置開邊、通安、安穩三寨，以為控扼。又言夷人居欄柵，婦人衣通裙，所獲首級多鑿齒者，即古巴郡板盾七姓蠻、南平獠之故地，請以南平為名。本又乞權撥大寧監每歲應副陝西及成都府監赴新建軍寨，募人入中糧儲。並從之。」〔註6〕

南平軍新治銅佛壩在今綦江南部的趕水鎮，又劃涪州隆化縣（今南川縣）歸南平軍。南宋嘉熙三年（1239年），軍治北遷隆化縣，元代至元二十二年（1285年）廢南平軍為南川縣，今綦江改為播州宣撫司管轄的南平綦江土司。

土著多鑿齒，正是明清貴州仡佬族的習俗，說明此處的獠人正是仡佬族，綦江之南緊鄰貴州。陳復亨《判官廳壁記》：「南平跨漢二郡、唐五州之境，

〔註6〕〔宋〕李燾：《續資治通鑒長編》卷二一九、二六三、二六五、二六八、二七〇。

封疆闊遠，控扼蠻夷之要地也。」晏殊《劉孝標墓銘》：「土地曠遠，跨接溪洞。」南接西南烏蠻、昆明、哥蠻、大小播州，哥蠻即上文所說的柯蠻。南平軍南通貴州，所以被看成地跨唐代五州之境。南宋祝穆《方輿勝覽》卷六十南平軍記載，紹定四年（1231 年），真景元《送南平江知軍序》：「南平地雜民夷。」綦江新民村發現的《宋太夫人陳氏墓誌》提到獠奴。

因為綦江扼守渝黔要道，所以土著深受漢文化影響，而且掌控貿易口岸，熟夷李光吉、王袞、梁承秀有強大的實力對抗官軍。熙寧四年設的榮懿、扶歡兩寨，在今綦江中部。熙寧八年新設的開邊、通安、安穩三寨，在今綦江南部，今有安穩鎮。熙寧四年，官軍平定的是綦江中部的熟夷。熙寧八年，官軍平定的是綦江南部的生夷。

我認為，扶歡即唐代扶化縣治，扶是典型的越語地名，現在廣西有很多地名帶扶字，比如扶綏，現在綦江還有郭扶鎮。駱是典型的越人姓氏，唐代南平獠王號稱劍荔王，劍的讀音 kam 接近侗族自稱，荔的讀音 lek 則接近駱 lak，或許宋代的駱姓就是唐代南平獠王的子孫。

現在綦江還有銅鼓灘、銅鼓殿，郭扶鎮有大獠壩，傳說天神壇是獠人祭天之地。〔註7〕扶歡、郭扶都在今綦江中部，獠人的中心原來在今綦江中部，宋代逐漸被迫南移，並逐漸漢化。我在綦江考察，發現一處岩畫群，除了有虎、獅、龍、鳥、八角星等圖案，還有宋代官服的人像，反映了宋代民族融合。

明清時期又有很多四川、江西、湖南、廣東等地移民湧入綦江，東溪鎮的萬天宮是四川人在康熙二年（1663 年）建立，南華宮是廣東人在乾隆元年（1736 年）建立。

現在綦江發現一方古代越人的文字碑刻，難以解讀，碑刻時間難以確定，有人認為是宋代碑刻。如果是宋代，可能在南平獠人勢力強盛之時。文字造型類似現在撣邦、泰國、老撾文字，無疑應屬越人的文字，但是東南亞這些越人的文字應該是源自南亞。《元史》卷十二《世祖紀九》至元十九年二月：「壬子，詔僉亦奚不薛及播、思、敘三州軍征緬國。」元代調集四川、貴州人征緬，是不是從緬甸帶回的碑刻或帶回的俘虜刻寫呢？碑文似乎更加古樸，也可能是本地人在更早的時代模仿東南亞越人文字書寫。

〔註7〕周鈴、王鳳琳：《南平僚綦江尋蹤》，《僚學研究》，2016 年。

綦江東溪鎮南華宮　　　　　　　萬天宮

綦江古代越人文字碑刻拓片

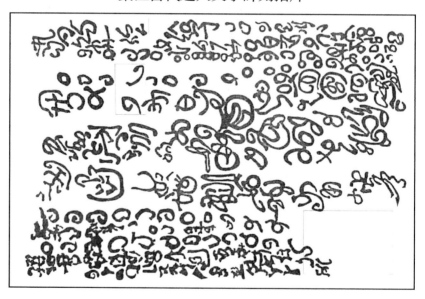

第五節　唐宋沅、黔、川的越地

　　貴州省的東部和湖南省的西部都是沅水流域，貴州省北部和四川、重慶的南部都是長江流域，貴州和湖南的西部、重慶、四川的南部在自然地理和民族地理都很接近。

一、唐宋貴州的羈縻州

唐高祖武德三年（620年），在牂牁蠻設牂州，首領謝氏，土熱多霖雨，稻粟再熟。東距辰州二千四百里，其南千五百里即交州也。東謝蠻，居黔州西三百里，南距守宮獠，西連夷子，地方千里。擊銅鼓，巢居即住在木樓上。

太宗貞觀三年（629年），在東謝設應州，在南謝設莊州。四年（630年）設黔州都督府，管務、施、業、辰、智、牂、充、應、莊九州，武則天聖曆元年（698年）廢黔州都督府。貞觀十一年設莊州都督府，中宗景龍二年（708年）廢，又設播州都督府，玄宗先天二年（713年）廢播州都督府。玄宗開元二十六年（738年），改設黔中道採訪處置使，沅水上游的五溪諸州即溪、辰、錦、巫、業等州，改屬黔中道，又加經略使。肅宗乾元元年（758年），降為黔州都督府。代宗大曆四年（769年），以五溪五州為辰錦觀察使，十年改屬黔州都督府。

莊州在今貴陽和惠水之間，宋代是五蕃最強大的龍蕃所在。因為在烏江流域和珠江流域的連接點，所以非常重要。所以莊州雖然不是貴州省最靠近中原的地方，但是在唐宋時期的地位非常重要。播州（今遵義）是重慶與貴州之間的要衝，所以地位一直非常重要。

周去非《嶺外代答》卷五說廣西欽州富商販賣四川的蜀錦，賣給越南人，商路應該經過今貴陽、遵義。唐宋時期的貴州形成了播州、貴陽、莊州的中軸線，這為貴陽在元代成為全省的政治中心奠定了基礎。

沅水上游和錦江流域是侗族之地，唐代設巫、錦、獎三州：

1. 唐太祖武德七年（624年）設龍標縣（今洪江），太宗貞觀八年（634年）設巫州與朗溪縣（今洪江託口）、夜郎縣（今新晃），巫州治龍標縣，玄宗先天二年（713年）設潭陽縣（今芷江）。

2. 武則天垂拱三年（687年）設錦州與盧陽縣（今麻陽西南）、招諭（今麻陽北）、渭陽（今鳳凰）、萬安（今銅仁）四縣，先天二年又從溪州大鄉縣（今永順）分設洛浦縣（今花垣）。

3. 武則天聖曆元年（698年）在夜郎縣西境設渭溪縣，長安四年（704年）在夜郎縣設舞州，玄宗開元十三年（725年）改名鶴州，二十年改名業州，代宗大曆五年（770年）改名獎州。德宗建中四年（783年），充州梓姜縣（今岑鞏）改屬獎州。

唐代牂州首領是謝氏，應州首領是東謝氏，莊州首領是南謝氏，《新五代史》卷七四：「牂牁蠻，在辰州西千五百里，以耕植為生，而無城郭聚落，

有所攻擊，則相屯聚。刻木為契。其首領姓謝氏，其名見於唐。至天成二年嘗一至，其使者曰清州八郡刺史宋朝化，冠帶如中國，貢草豆蔻二萬個、朱砂五百兩、蠟二百斤。昆明，在黔州西南三千里外，地產羊馬。其人椎髻、跣足、披氈，其首領披虎皮。天成二年，嘗一至，其首領號昆明大鬼主、羅殿王、普露靜王九部落，各遣使者來，使者號若土，附牂牁以來。」清州在今清鎮，謝氏在今貴州省中部，牂牁指代貴州，不是明確地名。

昆明大鬼主、羅殿王、普露靜王不是一個部落，昆明是侗族，羅殿王在今羅甸縣，下文詳考。今天彝族稱普安縣為 pu-lu，讀音接近普露。《宋史》卷四九六：「夷俗尚鬼，謂主祭者鬼主，故其酋長號都鬼主。」因為以上各族在貴州邊境，而謝氏在貴州中部，所以他們跟隨謝氏到中原。

唐代在今貴州的北部設州縣如下：

1. 夷州，武德四年在綏陽縣（今鳳岡）設，轄綏陽、義泉（以上隋大業十二年設）、洋川（武德二年設）、寧夷（大業八年設）四縣。
2. 思州，武德四年設在務川縣（今沿河）設，轄務川（隋開皇十九年設）、思王（武德三年設）、思邛（開元四年設）三縣。
3. 費州，貞觀四年在涪川縣（今思南）設，轄涪川（開皇五年設）、多田（武德三年）、城樂（武德四年設）、扶陽（武德時設）四縣。
4. 珍州，貞觀十六年設州與夜郎、麗皋、樂源三縣，在今正安。
5. 播州，貞觀元年設麟州，十三年改名播州。轄遵義、帶水（貞觀九年設）、芙蓉（貞觀五年設）三縣。

武德三年設牂州（今甕安）、充州（今石阡），四年設矩州（今貴陽），貞觀三年設應州（今三都）、莊州（今惠水），四年設琰州（今關嶺）。以上六州，玄宗時降為羈縻州。貞觀時，在西趙之地設明州（今望謨）。另有多個羈縻州，在今貴州省的西部和南部。

二、宋代湘西的羈縻州

宋神宗熙寧七年（1074 年），派章惇進兵，破懿州，南江羈縻州溪峒悉平，新置沅州，以懿州新城（今芷江）設盧陽縣，為沅州治。轄辰州麻陽縣，元豐三年（1081 年）又設黔陽縣。元豐九年又在其南部置誠州，以貫保寨設渠陽縣，為誠州治，哲宗元祐二年（1087 年）改為渠陽軍，土著楊晟臺和廣西融州砦粟仁催起兵。又改為誠州，以酋長為同知州事，裁撤官軍，平息戰亂。徽宗崇寧元年（1102 年），改名靖州。

　　辰州的猺獠蠻是仡佬族或犵犵（侗族），《宋會要輯稿・蕃夷五》宋真宗大中祥符元年（1008 年）：「十二月，辰州大峒猺獠蠻大都頭魏進武，及峒主首領覃架圖等以方物來貢。」

　　侗族也開採丹砂礦，《宋史》卷四九三：「淳化二年，知晃州田漢權言，本管砂井步夷人粟忠，獲古晃州印一鈕來獻。因請命以漢權為晃州刺史。」晃州在今新晃縣，粟忠和粟仁催都是侗族。

　　南宋朱輔《溪蠻叢笑》的葉錢序：「五溪蠻皆盤瓠種也，聚落區分，名亦隨易。沅其故壤，環四封而居者，今有五：曰貓、曰猺、曰獠、曰獞、曰犵狫。」貓即苗，猺是瑤族，獞是布依族（仲家），芮逸夫認為獠就是犵狫。〔註8〕我認為，宋代人也稱侗族也為犵狫，《溪蠻叢笑》提到的靖州犵狫就是侗族，所以此處的犵狫可能是侗族，而獠可能是仡佬族。明代鄺露《赤雅》：「狪亦獠類。」即稱侗族為獠人。

　　宋代在湖南的西北部、西南部、湖北的西南部屯兵，防守蠻獠，《宋史・地理志五》湖南、湖北路：「澧、鼎、辰三州，皆旁通溪洞，置兵戍守。潭州為湘、嶺要劇，鄂、岳處江、湖之都會，全、邵屯兵，以扼蠻獠。大率有材木、茗荈之饒，金鐵、羽毛之利。其土宜穀稻，賦入稍多。而南路有袁、吉壤接者，其民往往遷徙自占，深耕概種，率致富饒，自是好訟者亦多矣。北路農作稍惰，多曠土，俗薄而質。歸、峽信巫鬼，重淫祀，故嘗下令禁之。」

三、宋代川南的羈縻州

　　真宗大中祥符六年（1013 年），晏州多剛縣（今興文縣）夷人斗望、行牌，率眾劫淯井監（今珙縣），轉運使寇瑊調集軍隊，在江安縣會集。納溪、藍、順州（今習水）刺史史個松、生南八姓諸團、烏蠻（彝族）獨廣王子界南廣、溪、移、悅等十一州刺史李紹安、山後高、羣六州（今筠連）及江安界娑婆村首領，都來會盟。次年，官軍平定晏州。仁宗皇祐元年（1049 年）、嘉祐二年（1057 年）、熙寧七年（1074 年）、元豐元年（1078 年）、政和五年（1115 年），晏州又有多次戰亂。

　　南廣蠻在敘州慶符縣（今高縣）以西，徽宗大觀三年（1109 年），夷酋羅永順、楊光榮、李世恭等，以地內屬，建滋、純、祥三州，又廢。徽宗升

〔註8〕芮逸夫：《僚（獠）為仡佬（犵狫）試證》，《歷史語言研究所集刊》第 20 本上冊，1948 年。

清井監為長寧軍，設武寧縣，南宋又升安夷寨為安寧縣（今長寧縣）。

四川南部的族群有彝族，也有仡佬族。《新唐書》卷四三下瀘州都督府的羈縻州：「晏州羅陽郡，儀鳳二年招生獠置。縣七：思峨、牁陰、新賓、扶來、思晏、哆岡、羅陽……定州，縣二：支江、扶德。」思、扶是典型的越語地名用字，印證生獠。哆岡縣即宋代的多剛縣，因為岡和岡字形很近而誤。溍州有居牢縣，讀音接近仡佬。《元史》卷十《世祖紀七》至元十五年四月：「丁丑，雲南行省招降臨安、白衣、和泥分地城寨一百九所，威楚、金齒、落落分地城寨軍民三萬二千二百，禿老蠻、高州、筠連州等城寨十九所。」禿老蠻即土獠，即仡佬族的多羅支系。

南宋敘州漢化的僰、獠多數是北宋為官府招募的義軍，很多漢人進入邊地，奪取僰、獠土地，官府認為應該管控，以減少糾紛，《宋會要輯稿・蕃夷五》宋孝宗淳熙十年（1183 年）十二月，臣僚言：「敘州既外控蠻夷，而城之內外僰夷、葛獠又動以萬計，與漢人雜處。其熟戶居省地官莊者，多為義軍子弟，而慶符一縣與來附一驛，乃是政和新納土，其夷人田地即不許與漢人私相交易。近來多是他州客遊或官員士庶因而寄居，貪並夷人之田，間有詞訟，豪民行賂，計囑上下，譯者從而變其情，誅求屈抑，無可赴訴，一旦不勝其憤，輒起而為盜賊。乞申嚴條法，不許漢人侵買夷人田地，及嚴責州縣，應夷人詞訴，務盡其情，無事之時，常加撫恤，勿令失所。」

清代四川南部仍然保留一些獠人風俗，乾隆《珙縣志》卷十四：「其土人自謂獠，因名曰土獠、葛獠。」今天的大婁山，可能源自大獠山。今天湖南的西部多婁姓，可能源自獠。

宋代四川的邊境民族仍有很多本族風俗，《宋史・地理志五》川峽四路：「南至荊峽，北控劍棧，西南接蠻夷。土植宜柘，繭絲織文纖麗者窮於天下，地狹而腴，民勤耕作，無寸土之曠，歲三四收。其所獲多為遨遊之費，踏青、藥市之集尤盛焉，動至連月。好音樂，少愁苦，尚奢靡，性輕揚，喜虛稱。庠塾聚學者眾，然懷土罕趨仕進。涪陵之民尤尚鬼俗，有父母疾病，多不省視醫藥，及親在多別籍異材。漢中、巴東，俗尚頗同，淪於偏方，殆將百年。孟氏既平，聲教攸暨，文學之士，彬彬輩出焉。」

地方志記載四川、兩湖各地也是如此，北宋初年《太平寰宇記》源自地方志的內容有：

1. 卷七九戎州（治今宜賓）風俗：「其蠻獠之類，不識文字，不知禮教，

言語不通，嗜欲不同。椎髻跣足，鑿齒穿耳。衣緋布、羊皮、莎草，以鬼神為徵驗，以殺傷為戲笑。少壯為上，衰老為下。男女無別，山岡是居。」

2. 卷八五榮州（治今榮縣）風俗：「夏人少，蠻獠多。」卷八八瀘州風俗：「地無桑麻，每歲畲田，刀耕火種。其夷獠則與漢不同，性多獷戾而又好淫祠，巢居岩谷，因險憑高。著斑布，擊銅鼓，弄鞞刀。男則露髻跣足，女即椎髻橫裙⋯⋯刻木為契，刺血為信，銜冤則累代相酬，乏用則鬻賣男女。」

3. 昌州（治今大足）風俗：「有夏風，有獠分，悉住叢菁，懸虛構屋，號閣蘭。男則蓬頭跣足，女則椎髻穿耳，以生處山水為姓名，以殺為能事，父母喪，不立几筵。」

4. 卷一四七峽州（治今宜昌）風俗：「士女事麻楮，不事蠶桑，男子刀耕火種，不知文學。其信巫鬼，重淫祀，與蜀同風。」忠州：「夷獠風俗，頗類黔中，正月三日拜墓，二月二日攜酒郊外迎富，除夜燃燈照先祖墳墓。」

5. 卷一一八朗州（治今常德）風俗：「大同荊楚，然少雜夷、獠之風。」

6. 卷一百二十黔州（治今彭水）風俗：「雜居溪洞，多是蠻獠，其性獷悍，其風淫祀，禮法之道，故不知之。」

四、宋代貴州的羈縻州

五代十國時期，今貴州省的多數地方依附馬楚，《新五代史》卷六六《楚世家》：「南寧州酋長莫彥殊，率其本部十八州，都雲酋長尹懷昌，率其昆明等十二部、牂柯張萬濬率其夷、播等七州皆附於希範。」南寧州莫氏，應該和荔波、獨山縣的莫家及廣西南丹莫氏是同族。莫氏率領的十八州，主要是今布依族。都雲即今都勻，此處的昆明是侗族自稱 kam 的音譯，不是今雲南的昆明，也不在貴州省西北部。牂柯張萬濬可能不是宋代五姓蕃之一的張氏，而是貴州北部夷州、播州的張氏。雖然宋代的貴州省北部和南部和四川、廣西的聯繫更加密切，但是馬楚降服貴州可以看成是元代貴州改歸湖廣行省的先聲。

北宋初年，任命龍氏為南寧州（今惠水）刺史、蕃落使，管轄今貴州省南部，龍氏從廣西宜州來去漢地。太宗趙光義至道元年（995 年），使者龍光進，到開封上貢方物，對趙光義說，土宜五穀，多種粳稻，以木弩射獐鹿充

食。二三百戶為一州，州有長。作本國歌舞，一人吹瓢笙，數十輩連袂宛轉而舞，以足頓地為節，曲名《水曲》。使者皆蓬髮，面目黧黑，狀如猿猱。衣虎皮氈裘，以虎尾插首為飾。

龍蕃、方蕃、張蕃、石蕃、羅蕃者，號稱五姓蕃，都是布依族。神宗元豐七年（1084 年）增加程蕃，哲宗元符二年（1099 年）增加韋蕃，號稱七蕃。元代增加盧蕃，號稱八蕃。周去非《嶺外代答》卷一《宜州兼廣西路兵馬都監》稱五蕃為淺蠻，韋蕃等為生蠻。程蕃、韋蕃的加入，反映了從宋代到元代，貴州南部的布依族在持續漢化。廣西的西北部壯族多韋姓，五蕃最早和廣西的交通最便利，布依族和北部壯族的文化很接近。

元代出現了佯黃（楊黃）人的記載，《元史》卷二十九《泰定帝紀一》泰定元年正月：「戊申，八番生蠻韋光正等及楊、黃五種人，以其戶二萬七千來附，請歲輸布二千五百匹，置長官司以撫之。」楊、黃五種人就是今天的佯黃人，源自五種姓氏，則佯黃人應該在宋代已經形成。

宋代在今貴州省東北部，新設州縣如下：

1. 大觀二年（1108 年），溱溪（今綦江西南）三十里外的鹿個堡首領木櫃獻土，賜名趙亨。新設溱州和溱溪、夜郎二縣。宣和二年（1120 年），又廢州縣為溱溪寨，屬南平軍。

2. 大觀二年，楊文貴等獻地，新設播州（今桐梓），領播川、琅川、帶水三縣。宣和三年（1121 年），廢為城，歸南平軍。南宋理宗端平三年（1236 年），又以白綿堡為播州，三縣仍廢。嘉熙三年（1239 年），復設播州，充安撫使。度宗咸淳末，以珍州來屬。

3. 大觀二年，新設遵義軍、遵義縣（今遵義）。宣和三年，又廢為遵義砦，隸珍州。

4. 大觀二年，大駱解上族帥駱世華、下族帥駱文貴獻其地，建為珍州（今正安縣）。縣二：樂源、綏陽。綏陽縣（今鳳岡縣）本為羈縻夷州，大觀三年，酋長獻其地，建為承州，領綏陽、都上、義泉、寧夷、洋川五縣。宣和三年，廢承州及都上等縣，以綏陽縣隸珍州。

5. 政和八年（1118 年），新建思州（今務川縣），領務川、邛水、安夷三縣。宣和四年，廢州與務川縣，邛水、安夷二縣皆作堡，並隸黔州。〔註9〕紹興元年（1131 年），復為思州。

〔註 9〕譚其驤主編《中國歷史地圖集》第六冊第 30、70 頁的邛水縣在今貴州三穗縣，
安夷縣在今鎮遠縣，都遠離思州治所務川縣，位置大誤。既然圖上的思邛水

　　總體來看，貴州省雖然比較偏僻，宋元時代的貴州雖然未設省，但是貴州和內地的聯繫一直在加強。但是其東北部和西南部的漢化程度一直有明顯差異，唐宋在今貴州省東北部經常設正州而非羈縻州。宋代貴州省東北部和四川的聯繫密切，而貴州省南部和廣西的聯繫密切，貴州省東部和湖南的聯繫密切，此時已經形成了桐梓、遵義、貴陽、惠水、羅甸的南北中軸線。直到明代，貴州省北部的播州宣慰司還是屬四川省。因為元代的貴州省開闢了東西向的新中軸線，所以播州仍然歸四川。

　　貴州東北部的土司漢化很深，1957 年發掘的南宋播州土司楊粲墓是西南同時代最大的墓，發現很多石刻。2014 年發掘的楊粲之子楊價墓，出土了很多精美的金銀餐具。因為西南盛產金銀和寶石，所以楊氏有很多金銀器。

　　明代的楊氏土司墓出土了更加精美的金冠，鑲嵌很多寶石。因為播州楊氏掌控了很多木廠、茶園、臘崖、礦山，所以經濟實力增強。土司楊應龍想反抗明朝，雖然在萬曆二十二年（1594 年）向朝廷貢金四萬贖罪，仍然在萬曆二十五年（1597 年）起兵反明，攻下重慶的南方門戶綦江。但是他未能及時北進重慶，萬曆二十八年（1600 年）被明朝平定，改為遵義府。

南宋楊粲墓出土石刻　　　　　楊價墓出土金盤

在今印江縣，則邛水縣應在今印江縣。《太平寰宇記》卷一二二思州思邛縣，明確記載東連溪州三亭縣，東南接錦州常豐縣，則在今印江縣。安夷縣應即唐代夷州寧夷縣，在今務川縣。《太平寰宇記》思州務川縣西北的暗山，接寧夷縣，暗山即今大婁山。

明代楊氏墓出土金冠

第六節　自杞國和羅殿國

　　黔西南的自杞國，因為掌控了馬匹交易而在南宋日益強大，南宋孝宗淳熙四年（1177 年）在邕州出塞買馬的吳儆，在他的《竹洲集》卷十《邕州化外諸國土俗記》，記載了從邕州向西買馬的道路與大理、自杞的風俗，自杞國的國書用乾貞年號，〔註 10〕侵奪大理的鹽池（應是在今鹽津的鹽井），征服四周的弱小族群。自杞人皆高大勇猛，擅長騎射。自杞還排擠滇東南產馬的特磨，使自杞賣的馬達到南宋買馬數量的四分之三。

　　周去非《嶺外代答》卷五《宜州買馬》記載，自杞和宜州之間隔有羅殿，紹興三十一年（1161 年），自杞人經過南丹州直接到宜州賣馬，南宋為了隔絕漢人和夷人，不通過宜州近道而從邕州遠道買馬。我已經指出，自杞的讀音接近牂牁，位置也在夜郎國核心，自杞即牂牁。〔註 11〕夜郎國就是因為有便捷的水運，在和廣州的貿易中強大。南宋自杞的興盛，也是相同的原因。

　　周去非《嶺外代答》卷三《通道外夷》記載了從邕州去自杞的道路，經過泗城州、古那洞、龍安州，在鳳村山獠渡江，到上展、博文嶺、羅扶、磨

〔註 10〕楊吳楊溥的年號有乾貞，不知是否有關。
〔註 11〕周運中：《秦漢歷史地理考辨》，第 213 頁。

巨，以上各地距離都是一程，磨巨又三程到自杞國都。吳儆記載的路線是經過四城州、古宜縣、古那縣龍唐山、安龍縣安龍州，渡都泥江，到上、中、下展州，到山獠羅福州雷聞嶺、羅扶州，到毗那。

泗城州（吳儆誤為四城州）在今田林縣，安龍（周去非誤為龍安）即明代的安隆司（今隆林縣），渡過都泥江（南盤江），羅福即羅扶，應在今興義南部。前人或以為自杞國都在今興義，但是根據周去非記載，南盤江北七程才到自杞國都，則自杞國都應在今興義以北。博文嶺應即雷聞嶺，則還要翻過興義北部的山嶺。博 bak 是百越語的口，應是博文。今普安縣南部有博上村，盤縣南部有博地村，可能是越語地名。

毗那似乎是自杞國都，彝族稱織金縣為 bi-la，讀音接近毗那。彝族稱安順為 be-le-ɖɑ-kɯ，可能是大理國的八納部之地，元代在普里部設普定府。彝族稱普安為 pu-lu，安順、織金、普安的彝語地名讀音接近。這些地名的讀音也接近盤，也是盤縣和南北盤江由來。

周去非記載從自杞國都，四程到石城郡（今曲靖），再四程到善闡府（今昆明），這證明自杞國都在今普安縣。所謂自杞國都在今雲南境內的說法不確，吳儆說自杞之北是大理，則自杞不在今雲南。

自杞人的風俗，《文獻通考》卷三二八引范成大《桂海虞衡志》記載：「自杞本小蠻，尤凶狡嗜利。其賣馬於橫山，少拂意，即拔刃向人，亦嘗有所殺傷。邑管亦殺數蠻以相當，事乃已……諸蠻之至邑管賣馬者，風聲氣習大抵略同。其人多深目長身，黑面白牙，以錦纏椎髻，短褐徒跣，戴笠荷氈，珇刷牙，金環約臂，背長刀，腰弩箭傘，腋下佩皮篋，胸至腰駢束麻索，以便乘馬。取馬於群，但持長繩，走前擲馬首絡之，一投必中。刀長三尺甚利，出自大理者尤奇。性好潔，數人共飯，一桮中植一匕，置杯水其傍，少長共匕而食。探匕於水，鈔飯一哺許搏之，桮令圓淨，始加之匕上，躍以入口，蓋不欲污匕妨他人。每飯極少，飲酒亦止一杯，數咽始能盡，蓋腰腹束於繩故也。食鹽、礬、胡椒，不食彘肉。食已必刷齒，故常皓然。甚惡穢氣，野次有穢，必坎而覆之。邑人每以此制其忿戾，投以穢器，輒躍馬驚走。」

椎髻、赤腳、清潔都是越人的特點，《文獻通考》同卷引范成大《桂海虞衡志》：「宜州有西南蕃大小張、大小王、龍、石、騰、謝諸蕃。地與牂牁接，人椎髻、跣足，或著木屐，衣青花斑布，以射獵仇殺為事。」《宋史》卷四九五說廣西安化州（今環江）的毛南族：「椎髻跣足，走險如履平地……每忿怒

則推刃同氣，加兵父子間，復仇怨不顧死。出入腰弓矢，匿草中射人，得牛酒則釋然矣。親戚比鄰，指授相賣。」不吃豬肉也是布依族的喪期風俗，明代田汝成《炎徼紀聞》狆家（布依族）：「喪食尚魚蝦，而禁禽獸之肉，葬以傘蓋墓，期年發而火之，祭以枯魚。」布依族之地緊靠廣西，所以自杞國的很多人是布依族，但其北部也有仡佬族。

彝族稱普里為仡佬族，嘉靖《貴州通志》卷十一有周洪謨為貴州宣慰使安隴富的家譜撰寫的《安氏家傳序》，稱：「其先有慕齊齊者，與普里部仡佬爭為君長，迭有盛衰……克仡佬氏，拓其疆土，武侯封為羅甸國王。」所謂諸葛武侯（諸葛亮）封彝族安氏為羅甸國王，顯然是附會，彝族征服安順的時間很晚。《元史》卷六一《地理志四》記載：

> 普定路，本普里部，歸附後改普定府（至元二十七年，初，幹羅思、呂國瑞入賄丞相桑哥及要束木等，請創羅甸宣慰司。至是，言招到羅甸國箚哇並龍家、宋家、犵狫、貓人諸種蠻夷四萬六七六百戶。阿卜、阿牙者來朝，為曲靖路宣慰同知脫因及普安路官所阻。會雲南行省言：「羅甸即普里也，歸附後改普定府，印信具存，隸雲南省三十餘年，賦役如期。今所創羅甸宣慰安撫司隸湖南省，幹羅思等擅以兵脅降普定土官矣資男、箚哇、希古等，勒令同其入覲，邀功希賞。祈罷之，仍以其地隸雲南。」制可）。

忽必烈至元二十七年（1290 年），湖廣行省招降羅甸、龍家、宋家等族，想設羅甸宣慰司，但是有首領被雲南行省阻撓。雲南行省上奏稱，普里一直屬雲南的普定府。湖廣行省招降的羅甸在今羅甸縣，所以附近有龍家。但是雲南行省稱羅甸即普里，其實是混淆了羅氏和羅甸，不知是有意還是無意混淆。被雲南阻撓的首領應該是彝族的宋氏，但是宋氏不是湖廣行省要設立的羅甸宣慰司的主體民族。元代的普定路（今安順）還以普里部為主，所以自杞國很可能是仡佬族的普里部建立，這和我上文考證仡佬族建立夜郎國，也相吻合。

普里（毗那）就是仡佬族的王號，《新唐書》卷二二二下《南蠻傳下》：「戎、瀘間有葛獠，居依山谷林菁，逾數百里。俗喜叛，州縣撫視不至，必合黨數千人，持排而戰。奉酋帥為王，號曰婆能，出入前後植旗。」戎州（今宜賓）、瀘州之間的葛獠即仡佬族，在宜賓和瀘州南部，靠近貴州，婆能即普里（毗那），證明自杞（牂牁）國是仡佬族建立。現在黔西、大方、清鎮、織金、鎮寧等縣的仡佬族，自稱補爾，即普里、毗那、婆能。他們又自稱為

阿歐，也即上文考證的烏滸，源自南亞語系民族。

羅殿國應在今黔西南，才能在自杞和廣西宜州之間，譚其驤主編《中國歷史地圖集》的羅殿在安順、鎮寧等地，認為羅殿即普里，〔註12〕我認為位置偏北。羅甸源自布依族羅氏，五蕃之一的羅氏在今惠水縣南，地域鄰近。《文獻通考》卷三二八引范成大《桂海虞衡志》：「羅在融、宜之西，邕之西北。唐會昌中，封其帥為羅殿王，世襲爵，歲以馬至橫山互市。亦有移至邕，稱守羅國王羅呂押馬者，稱西南謝蕃、知武州節度使、都大照會羅殿國文字。按《唐史》，東謝蠻居黔州西，謝氏世酋長，部落尊畏之。然則謝蕃蓋羅殿之巨室，又知其地近牂牁。」羅殿在融州、宜州之西，則應在今貴州南部。

周去非《嶺外代答》卷三《通道外夷》記載從邕州到羅殿（羅甸）之路，從七源州與去自杞國的道路分開，經過馬樂縣、恩化縣、羅奪州、圍慕州、阿姝蠻、硃砂蠻、順唐府到羅殿國。從七源到自杞 11 程，從七源到羅殿 9 程，羅殿比自杞近，不可能在自杞國之北。從七源到自杞是往西北，從七源到羅甸是往北，不是一個方向。

我認為七源州在今田林縣東南，馬樂可能是今田林縣的百樂鄉，從此渡過南盤江，到今貴州的冊亨縣，恩化、羅奪在今冊亨。圍慕即今望謨縣，硃砂出產朱砂，今望謨、貞豐、羅甸縣都有汞礦。清代地方志說羅殿國都在今貞豐縣東南的羅王亭，今有在冊亨縣東北部之說。我認為，彝族稱羅甸為 ʔa-dzo-dɯ-ʂɿ，讀音非常接近阿姝朱砂，所以羅甸國都應在今羅甸縣，國境應在今羅甸、貞豐、冊亨、望謨、紫雲等縣。

元代《混一方輿勝覽》普安路：「蠻名如是部，即羅氏鬼國地，初時復立總管府，領蠻夷諸部，近分立鎮寧、永寧、習安三州。」有人誤以為羅氏鬼國是在今普安的如是（羅氏），其實這個羅氏是彝族，因為《宋史》卷四九六記載：「淯水夷者，羈縻十州五囤蠻也，雜種夷獠散居溪谷中。慶曆初，瀘州言：管下溪峒十州，有唐及本朝所賜州額，今烏蠻王子得蓋居其地。部族最盛，旁有舊姚州，廢已久，得蓋願得州名以長夷落。詔復建姚州，以得蓋為刺史，鑄印賜之。得蓋死，其子竊號羅氏鬼主。」淯水是今四川南部的長寧河，烏蠻是彝族，黔西北鄰近四川南部。

羅甸國境，今天仍然是布依族為主，所以羅甸國是布依族建立。而自杞國是仡佬族建立，這是兩國分立的原因。

〔註12〕譚其驤主編：《中國歷史地圖集》第六冊，第 30、70 頁。

　　因為高原產品和海洋產品容易構成一個相對完整商品貿易體系，所以夜郎國和南越國是一榮俱榮，一損俱損。大理、自杞、羅殿和南宋也是一榮俱榮，一損俱損，大理、南宋相繼滅亡，自杞國、羅殿國在元代自然要衰落。元代的自杞在雲南和湖廣兩省交界的偏遠地域，比羅甸更加遠離漢地，所以更加沒落。今天還有羅甸縣，但是今天的自杞國名未能保留下來，自杞國都現在也仍然難以確定，很多謎團尚未揭開。

第九章　唐宋元明清越人的漢化

第一節　唐宋江南越人的漢化

　　宋代江淮風俗還有一些南方民族遺風，王禹偁《唱山歌》詩云：「滁民帶楚俗，下俚同巴音。歲稔又時安，春來恣歌吟。接臂轉若環，聚首叢如林。男女互相調，其詞非奔淫。修教不易俗，吾亦弗之禁。夜闌尚未闋，其樂何愔愔。」北宋滁州人還有男女對唱山歌，自由戀愛，這是南方土著民族風俗。滁州不在交通要道，其東側的揚州、西側的合肥交通更為便利，所以保留的土著風俗較多，孫權赤烏十三年（250 年）：「遣軍十萬，作堂邑塗塘以淹北道。」堂邑縣在今六合，塗塘在滁河，孫權用河網阻擋曹魏軍隊。明代蘇州人馮夢龍編有吳地歌謠集《山歌》，吳地少山，山歌之名應該源自吳地西部，六朝有山越。

　　據《新唐書·褚遂良傳》，杭州人褚遂良被武則天蔑稱為獠，說明北方人也稱吳越的漢人為獠。《六祖壇經》說蘄州黃梅縣（今湖北黃梅）人五祖弘忍，稱新州（今廣東新興）人六祖慧能是嶺南獦獠。宋代福建可能還有未完全漢化的獠人，洪邁《夷堅志·支戊》卷一：「福州萬壽寺，紹興初，有一獠子自鬻，充守門之役凡累年。」

　　隋唐浙江還有越人，《陳書·世祖紀》說陳世祖陳蒨為會稽太守時，平定山越。《南史·王猛傳》說隋初王猛討平山越，《新唐書·裴休傳》說德宗貞元年間，栗鍠誘山越為亂，陷州縣，浙東觀察使裴肅破擒之。宋代浙江已經完全漢化，看不到山越記載。

分子人類學檢測發現上海南部的奉賢區 Y 染色體是越人的 O1 型，有人誤稱為傷傜人，認為是從遠古時代就留存在上海的越人。我認為傷傜是奉賢話的當地人，這些人未必是從遠古時代就一直住在上海。我發現明代嘉定人張雲章說明朝初年把原來繁榮的大衢山島民遷到南直隸，[註1] 我認為很可能是遷到上海。原來的大衢山島民正是樂史《太平寰宇記》所說的舟山群島蜑民，他們是越人。

上海奉賢博物館藏馬橋文化石斧、石錛

唐代顧況《永嘉》詩云：「東甌傳舊俗，風日江邊好。何處樂神聲？夷歌出煙島。」唐代溫州海島蜑民的語言還不是漢語，明代陸容《菽園雜記》卷十二說他禁止樂清縣沿海的兄弟共妻風俗，這種風俗即南島語系民族的普那路亞婚（Punaluan family），源自夏威夷語的親密夥伴。《淮南子‧氾論》：「昔蒼吾繞娶妻而美，以讓兄。」我認為這是反映越人的兄弟共妻風俗，蒼吾即蒼梧。《新唐書》卷二二二下說多蔑國：「其人短小，兄弟共娶一妻，婦總髮為角，辨夫之多少。」

現在江蘇寶應縣東部的裏下河沼澤地帶，還有夷姓，很可能源自古代的東夷人，《宋書》卷七九《竟陵王誕傳》記載了海陵（今泰州）人夷孫，說明夷姓在江蘇一直有傳承。

白居易的詩說江州（今九江）：「夷音語嘲哳，蠻態笑睢盱……成人男作丱，事鬼女為巫……繡面誰家婢，鴉頭誰家奴，泥中採菱芡，燒後拾樵蘇。鼎膩愁烹鱉，盤腥厭膾鱸。」元稹的詩說越州（今紹興）：「雕題雖少有，雞卜尚多巫。鄉味尤珍蛤，家神愛事巫。」[註2] 則唐代的九江人還有紋面習

〔註1〕〔明〕張雲章：《樸村文集》，《四庫禁燬書叢刊》第 168 冊，第 53 頁。
〔註2〕〔唐〕白居易：《東南行一百韻》，《全唐詩》卷四三九。〔唐〕元稹：《春分投簡陽明洞天作》，《全唐詩》卷四二三。

俗，紹興則少有紋面習俗。很多江西人住在船上，張九齡的《登郡南城樓》詩說洪州（南昌）：「邑人半艫艦，津樹多楓橘。」洪邁《夷堅志・支癸》卷七：「饒民朱三者，市井惡少輩也……臂、股、胸、背皆刺文繡，每歲郡人迎諸神，必攘袂於七聖襖隊中為上首。」南宋饒州（治今鄱陽）仍然有紋身習俗。

唐代戴叔倫《撫州對事後送外生宋垓歸饒州覲侍呈上姊夫》詩云：「淮汴初喪亂，蔣山烽火起。與君隨親族，奔迸辭故里。京口附商客，海門正狂風。憂心不敢住，夜發驚浪中……石壁轉棠陰，鄱陽寄茅室。淹留三十年，分種越人田。」金壇人戴叔倫在江淮戰亂中，乘京口（鎮江）商人的船，很快就到鄱陽，此地還有越人。

南宋贛州的南部還是瘴癘之地，方勺《泊宅編》卷三：「虔州龍南、安遠二縣有瘴，朝廷為立賞增俸，而邑官常闕不補。它官以職事至者，率不敢留，甚則至界上移文索案牘行遣而已。大抵此地唯水最毒，嘗以銅盆貯水，須臾銅色微黑，或大錫瓶挈佳泉以自隨。」龍南縣東南的定南縣、尋烏縣在東江流域，明代隆慶三年（1569 年）才設定南縣，萬曆四年（1576 年）設尋烏縣。

第二節　宋元福建的漢化

福建在宋代已經基本完成漢化，但是越人的畜蠱習俗長期在福建留存，《隋書・地理志下》：「新安、永嘉、建安、遂安、鄱陽、九江、臨川、廬陵、南康、宜春，其俗又頗同豫章……然此數郡，往往畜蠱，而宜春偏甚。其法以五月五日聚百種蟲，大者至蛇，小者至虱，合置器中，令自相啖，餘一種存者留之，蛇則曰蛇蠱，虱則曰虱蠱，行以殺人。因食入人腹內，食其五藏，死則其產移入蠱主之家。三年不殺他人，則畜者自鍾其弊。累世子孫相傳不絕，亦有隨女子嫁焉。干寶謂之為鬼，其實非也。自侯景亂後，蠱家多絕，既無主人，故飛游道路之中則殞焉。」

江蘇的畜蠱風俗在晚唐消失，乾隆《江南通志》卷一九五：「溧陽舊多蠱毒，丞相韓滉為浙江觀察，欲絕其源。時有僧住竹林寺，每絹一疋，易藥一丸。中蠱毒者多獲全濟，值滉女有疾浴於溫泉而愈，乃捨女裝奩，造浮圖於泉之右，延竹林藥僧主之。滉因求其方，刊石於縣市，以流佈焉。唐末石不復存，而溫湯之寺不改。有夏氏世傳其方藥，以溫湯為名，誌所自也。」

唐宋以來的歷代刑法都嚴禁畜蠱害人，宋代湖南、湖北、江西、重慶、浙江的畜蠱風俗在法律的嚴厲打擊下逐漸消失，《宋史》卷一《太祖紀》乾德二年（964年）四月：「徙永州諸縣民之畜蠱者三百二十六家於縣之僻處，不得復齒於鄉。」卷三百三說陳安石：「嘉祐中，為夔、峽轉運判官。民蓄蠱毒殺人，捕誅其魁並得良藥圖，由是遇毒者得不死。」卷四百六說陳居仁知福州時：「申蠱毒之舊禁。」卷四二六《循吏傳》說趙尚寬：「知忠州，俗畜蠱殺人，尚寬揭方書市中，教人服藥，募索為蠱者窮治，置於理，大化其俗。」忠州在今重慶，屬夔州路。同卷說高賦：「知衢州，俗尚巫鬼，民毛氏、柴氏二十餘家，世蓄蠱毒，值閏歲，害人尤多，與人忿爭輒毒之。賦悉擒治伏辜，蠱患遂絕。」王安石《臨川集》卷九七《廣西轉運使李君墓誌銘》說李寬知饒州（今鄱陽）：「至則禁巫醫之罔民，案畜蠱者，遂以無事。」

李心傳《建炎以來繫年要錄》卷一五九紹興十九年（1148年）二月：「丁丑，左朝請大夫童邦直，知峽州，還言湖北溪峒，醞造蠱毒，以害往來之人。又夷人以人釁鬼，安、復、荊門、鼎、澧獨行之人，或罹此禍，望令巡尉覺察。上諭大臣曰，邦直二說，皆可取，當行之。」安州（治今安陸）、復州（治今天門）、鼎州（治今常德）、澧州（治今澧縣）、峽州（治今宜昌）在今湖北、湖南，說明南宋的湖北還有蠱毒。

南宋福州地方志淳熙《三山志》卷三九《戒諭》：「禁蓄蠱，慶曆七年，蔡正言襄為閩漕日，禁絕甚嚴，凡破數百家，自後稍息。八年，仁宗閱福建奏獄，多以蠱毒殺人者，福州醫工林士元能以藥下。遂詔錄其方，又令太醫集法方之善治蠱毒者為一編，命參知政事杜履為序頒之。嘉祐六年，范兵部師道乃牒諸縣各以其方雕板揭於縣門，今碑猶存……紹興二年秋，連江、古田民有查佐等蓄蠱殺人。其家來訴。張參政守為帥，依條斷遣。仍榜十二縣，委保正、副，結五家為保，互相覺察，知而不糾，其罪與均。仍頒敕令、賞格，散榜要處。」

洪邁《夷堅志》補卷第二十三：「福建諸州大抵皆有蠱毒，而福之古田、長溪為最。其種有四：一曰蛇蠱，二曰金蠶蠱，三曰蜈蚣蠱，四曰蝦蟆蠱，皆能變化，隱見不常。皆有雌雄，其交合皆有定日，近者數月，遠者二年。至期，主家備禮迎降，設盆水於前，雌雄遂出於水中，交則毒浮其上，乃以針眼刺取，必於是日毒一人，蓋陰陽化生之氣，納諸人腹，而託以孕育，越宿則不能生。故當日客至，不暇恤親戚宗黨，必施之，凡飲食藥餌皆可入，

特不置熱羹中,過熱則消爛。或無外人至,則推本家一人承之。藥初入腹,若無所覺。積久則蠱生,藉人氣血以活。益久則滋長,乃食五臟,曉夕痛楚不可忍,惟啜百沸湯,可暫息須臾。甚則叫呼宛轉,爬刮床席。臨絕之日,眼耳鼻口,湧出蠱數百,形狀如一。漬於水暴乾,久而得水復活。人魂為蠱祟所拘,不能託化,翻受驅役於家,如虎食倀鬼然。死者之屍雖火化,而心肺獨存,殆若蜂窠。」

清代陸次雲《峒谿纖志》說仲家(布依族)有金蠶蠱,又說僮族(壯族)婦女善畜蠱,可以用天姬破解。這和清代福州的鄉土小說《閩都別記》第271回的白姬(白雞)消除延平府(今南平)蠱毒的說法一樣,〔註3〕說明福建保留了一些越俗。小說又說延平府的金蠶蠱雖然被除,但是永安縣和尤溪縣還有,說明蠱毒最終退縮到山地。

由此我們也想到古代文物上的蠶未必都是產絲的蠶,餘姚河姆渡的一件圓形的象牙器,長徑 4.8 釐米,短徑 4 釐米,外部有六條蠶的花紋,還有 4 個穿孔,不知是否指金蠶蠱。〔註4〕

餘姚河姆渡出土的蠶紋象牙器

〔註3〕〔清〕何求:《閩都別記》,福建人民出版社,2012 年,第 1012～1016 頁。
〔註4〕浙江省博物館編:《史前雙璧》,浙江古籍出版社,2009 年,第 40 頁。

宋代僧人智愚的偈詩《頌古》講福建畜蠱：「見說閩山多蠱毒，千方百計避無由。殤中既有催魂鬼，一命還他方始休。」梵琮詩：「綿裏裹刀難近傍，飯中有藥出閩鄉。至今怕飲山中水，我昔曾遭蠱毒傷。」

明代唯有福建、嶺南、雲貴和西北一些地方仍有畜蠱習俗，謝肇淛《五雜組》卷六：「夷獠中有採生術，又善易人手足。有在獠中與其婦淫者，其夫怨之，以木易其一足而不知也，旬日之間，漸覺痿痺不能起。又久之，皮干木脫，成廢人矣。吾閩中有蠱毒，中人則夜為之傭作，皆夢中魂往，醒則流汗困乏，不數月勞瘵以死，此亦採生之類也。」

同書卷十一：「蠱蟲，北地所無，獨西南方有之。閩、廣、滇、貴、關中、延、綏、臨、洮皆有之，但各處之方有不同耳。閩、廣之法，大約以端午日取蛇、蜈蚣、蜥蜴、蜘蛛之屬，聚為一器，聽其自咬，其他盡死，獨留其一，則毒之尤矣，以時祭之，俾其行毒。毒之初行，必試一人，若無過客，則以家中一人當之，中毒者，絞痛吐逆，十指俱黑，嚼豆不腥，含礬不苦，是其驗也。其毒遠發十載，近發一時，初覺之時，尚可用甘草、綠豆諸藥解之，及真麻油吐之。三月以後，不可為也。又有挑生蠱，食雞、魚之類，皆變為生者。又能易人手足及心肝腎腸之屬，及死，視之，皆木石也。又有金蠶毒，川築多有之，食以蜀錦，其色如金，取其糞置飲食中，毒人必死。能致它人財物，故祀之者多致富。或不祀，則多以金銀什物，裝之道左，謂之嫁金蠶。《夷堅志》所載：有得物者，夜而蛇至，其人知其蠱也，生捉而啖之，至盡，食酒數斗而臥，帖然無恙。《說海》載：福清有訟金蠶毒者，取二刺蝟取之立得。然今福清不惟無金蠶，亦無刺蝟也。」

明代陸容《菽園雜記》卷八：「廣東、西人善造蠱，置飲食中，中之即腹脹死，以藥物解之，即吐出本形，或魚、或蛇、或蝦蟆而愈。」

明代郎瑛《七修類稿》卷四五：「雲、貴、廣西有云桃生者，妖術也。以魚肉請人，遂作術於中，人食之，則此物遂活於胸腹，害人至死而後已也。嘗見范石湖《桂海虞衡志》載，當時李壽翁為雷州推官，得一方甚妙，云食在胸膈，則服升麻吐之，在腹則服鬱金下之。想即今之下蠱云耳，《虞衡志》頗無，而士宦常病之也，故揭出之。」陸容和郎瑛的書都不提福建的畜蠱，此時福建的畜蠱範圍在縮小。

晚明王世懋《閩部疏》：「閩地頗畜蠱，其神或作小蛇，毒人有不能殺者。獨泉之惠安最多。八十里間，北不能過楓亭，南不敢度洛陽橋。云蔡端明為

泉州日，捕殺治蠱者幾盡，其妖至今畏之。以橋有端明祠，而楓亭仙遊屬，端明即仙遊人也。土人之莊事端明如此。」晚明僅有惠安有畜蠱之俗，惠安現在還有服飾獨特的惠安女，但是畜蠱之俗已經消失。

　　乾隆《福州府志》卷二五：「石益，生福州山中。三月有花，四時採子，焙乾，生搗蜜丸，用治蠱毒。」卷二六：「石首《遯齋閒覽》：石首，魚之極美者，頭上有石如棋子。取其石，治以為器載。飲食如遇蠱毒，器必爆裂。土人以製作精明，瑩如琥珀，然人但愛玩其色，鮮能識其用。」清代福州人已經不知石首魚的石首可以發現蠱毒，說明此時已經很少有人畜蠱。

　　元代福建沿海的疍民很多，《元史》卷一五一《薛塔剌海傳》：「從征福建瀲江，與宋兵力戰，破之，獲戰艦千餘艘。」瀲江應是連江，卷一六二《高興傳》：下興化，降宋參知政事陳文龍、制置印德傳等百四十人，軍三千，水手七千，獲海舶七千餘艘。」如此多的海船，都是疍民的船。1950 年代福州內河有疍民三萬多人，九龍江下游等地各有疍民數千人現在已經全部上岸定居。

　　元代福建西南很多人還被稱為獠，吳海《聞過齋集》卷一《送龍江書院山長敘》說漳州：「諸山地僻且多險，群獠憑溪洞以居，時出為民患，古以南荒。」貢師泰《玩齋集》卷四《漳州》：「漳南五縣凌溪洞，狂獠恃險時縱橫。巨蛇吞象出當道，猛虎搏人行近城。如何百年漸禮化，尚爾兩度煩天兵。」不過也有很多記載表明漳州土著是畬族，劉克莊《後村先生大全集》卷九三《漳州諭畬》：「在漳者曰畬，西畬隸龍溪，猶是龍溪人也。南畬隸漳浦，其地西通潮、梅，北通汀、贛，奸人死亡之所窟穴。」漳州的畬族和越人可能有一定規模的融合，元初漳州土著長期抵抗元軍，直到元英宗至治二年（1322年），漳浦西部才設南勝縣（治今平和縣南勝鎮），表明官軍戰勝。元順帝至正十六年（1356 年）遷到今南靖縣治，改名南靖縣。

　　宋代泉州人還吃老鼠，〔註5〕但是今天的泉州人早已不吃老鼠，但是寧化和嶺南人仍然吃老鼠。

第三節　宋元明清廣東的漢化

　　南宋時期，還有閩南向廣東南部沿海移民的高潮，使得今天潮汕、汕尾、雷州半島與海南島周邊成為閩語區，珠江三角洲也有閩南語方言島，這也促

〔註5〕周運中：《雅各〈光明之城〉新證》，《海交史研究》2018 年第 1 期。

使這裡的越人漢化或向西北遷徙。南宋時期，來自江西和閩西的客家先民大舉南遷到廣東的西北部，使得這一帶越人漢化。南宋時期，來自江西的很多移民通過南雄，南遷到珠江三角洲，留下了著名的南雄珠璣巷移民傳說，促進了珠江三角洲越人的漢化。

唐代廣東還有很多越人風俗，張鷟《朝野僉載》卷五：「嶺南風俗，多為毒藥。令奴食冶葛死，埋之土中。蕈生正當腹上，食之立死。手足額上生者，當日死。旁自外者，數日死。漸遠者，或一月，或兩月。全遠者，一年、二年、三年亦即死。惟陳懷卿家藥能解之，或以塗馬鞭頭控上，拂著手即毒，試著口即死。」卷五：「嶺南風俗，家有人病，先殺雞鵝等以祀之，將為修福。若不差，即次殺豬狗以祈之。不差，即次殺太牢以禱之。更不差，即是命，不復更祈。死則打鼓鳴鐘於堂，比至葬訖。初死，且走，大叫而哭。」

廣東沿海的蜑民原來數量極多，北宋王闢之《澠水燕談錄》卷九：「劉鋹據嶺南，置兵八千人，專以採珠為事，目曰媚川都。每以石碾其足，入海至五七百尺，溺而死者相屬也。久之，珠璣充積內庫。所居殿宇梁棟簾箔，率以珠為飾，窮極華麗。及王師入城，一火而盡。藝祖廢媚川都，黥其壯者為軍，老者放歸田里，仍詔百姓不得以採珠為業，於是俗知務農矣。」這些下海採珠的人都是蜑民，北宋初年很多人被編入軍隊。

南宋的兩廣人還被中原人看成是獠，莊綽《雞肋編》卷上：「南方舉子至都諱蹄子，謂其為爪，與獠同音也。」

南宋末年，潮州陳氏五虎兄弟投降元軍，卷一二九《百家奴傳》：「張世傑軍於泉州，俄領諸軍乘戰船入海，追逐張世傑於惠州甲子門。進至同安縣答關寨，瀕海縣鎮悉招諭下之。白望丹、五虎陳以戰船三千餘艘來降。冬十二月，宋二王遣倪宙奉表詣軍門降，遂進兵至廣州，諸郡縣以次降附。」陳氏應該是蜑民，他們還幫助元朝消滅南宋，卷十《世祖紀七》至元十六年（1279年）二月：「庚寅，張弘範以降臣陳懿兄弟破賊有功，且出戰船百艘從征宋二王，請授懿招討使兼潮州路軍民總管，及其弟忠、義、勇三人為管軍總管。」還提供大量戰艦給元軍東征，卷一三一《忙兀臺傳》：「二十一年，拜江淮行省平章政事。初，宋降將五虎陳義嘗助張弘範擒文天祥，助完者都討陳大舉，又資阿塔海征日本戰艦三千艘。福建省臣言其有反側意，請除之。帝使忙兀臺察之。至是忙兀臺攜義入朝，保其無事，且乞寵以官爵，丞相伯顏亦以為言。乃授義同知廣東道宣慰司事，授明珠虎符，其從林雄等十人並上百戶。」

如同投降蒙古人的其他異族一樣，陳氏獲得了很高的地位。

據《元史》卷一九三《合剌普華傳》，元初廣東都轉運鹽使兼領諸番市舶合剌普華平定東莞、香山、惠州起兵的鹽販數萬，又平定稱王的歐南喜，歐氏署丞相、招討，眾號十萬。合剌普華在東莞、博羅縣界，被民間武裝歐、鍾等殺死。這些鹽販和山賊，很多是疍民和越人。

元初還大舉進攻海南島中部山地的黎族，《元史》卷一六五《朱國寶傳》：「於是黎民降者三千戶，蠻洞降者三十所。（至元）十八年，破臨高蠻寇五百人，招降居亥、番亳、銅鼓、博吐、桐油等十九洞，遣部將韓旺率兵略大黎、密塘、橫山，誅首惡李實，火其巢，生致大鍾、小鍾諸部長十有八人，加鎮國上將軍、海北海南道宣慰使都元帥。」卷一六三《烏古孫澤傳》：「二十九年，湖廣平章政事闊里吉思薦澤才堪將帥，以行省員外郎從征海南黎。黎人平，軍還，上功，授廣南西道宣慰副使。」卷十七《世祖紀十四》至元二十九年（1292 年）六月：「壬午，敕以海南新附四州洞寨五百一十九、民二萬餘戶，置會同縣（在今瓊海）、定安縣，隸瓊州，免其田租二年。」三十年（1293 年）八月：「丁未，湖廣行省臣言海南、海北多曠土，可立屯田，詔設鎮守黎蠻海北海南屯田萬戶府以董之。現在海南樂東縣尖峰嶺有石刻：「大元軍馬下營。至元甲午三十一年正月十日、十一日到黎婆山。」黎婆山即黎母山，《元史》卷一三四《闊里吉思傳》記載湖廣行省平章闊里吉思討生黎諸峒寨，邢夢璜的《至元癸巳平黎碑記》記載闊里吉思至元三十年十月西征儋州，十二月到古振州。正德《瓊臺志》記載萬戶府有五原、仁政、遵化、義豐、潭攬、文昌、奉化、會同、臨高、澄邁、永興、樂會十二翼，各立千百戶所。成宗大德二年（1298 年）罷，順帝元統二年（1334 年）復置，萬千百戶兼用土著，又撤銷。

明代的廣東與廣西的東部基本完成了漢化，明代的漢化再次達到前所未有的速度。明代王偁《送杜參政之廣西》詩云：「五嶺隔南服，輿圖亦茫洋。昔為椎髻區，今變冠與裳。蕩蕩風氣開，生齒日富強。」〔註6〕明清時期在廣東、廣西新設的州縣，原來多數是土著族群的聚居地，我在《中國東南的歷史進程》一書中詳述，在此不贅。

明代葉權《遊嶺南記》：

〔註6〕〔明〕王偁：《虛舟集》卷三《送杜參政之廣西》，《影印文淵閣四庫全書》第1237 冊，第 33 頁。

　　　　嶺南昔號瘴鄉，非流人逐客不至。今觀其嶺，不及吳越間低
　　小者，其下青松表道，豁然寬敞。南安至南雄，名為百二十里，
　　早起半日可達，仕宦樂官其地，商賈願出其途。餘里中人歲一二
　　至，未嘗有觸瘴氣死者，即他官長可知。何昔之難而今之易也？
　　意者古昔升平，大抵不滿百年，即南北阻隔。自南雄達省城，群
　　蠻出沒，無他陸路，舟行艱難，往來者少，故山嵐之氣盛，如大
　　室久虛，即陰沉不可住，況山川有靈氣者耶？客子在途，心搖搖
　　多畏恐，觸之而病，宜矣。我朝自平廣東以來，迄今承平二百年，
　　海內一家，嶺間車馬相接，河上舟船相望，人氣盛而山毒消，理
　　也。

　　葉權認為明代的嶺南不再有瘴氣，因為長期統一，道路開闢，蠻族漢化。
不過他在下文說他從南雄到廣州，遇到有人被蠻族搶劫，沿途漢人都修建堡
壘，防止蠻族攻擊。其實晚明全球氣溫下降，所以也有氣候因素。

　　明代謝肇淛《五雜組》卷四：「近來閩地殊亦凋耗，獨有嶺南物饒而人
稀，田多而米賤，若非瘴蠱為患，真樂土也……嶺南則三收矣，斗米十餘錢，
魚蝦盈市，隨意取給不甚論值，單之衣可過隆冬，道無乞人，戶不夜閉，此
真極樂世界。惜其天多瘴霧，地多蟲蛇，屋久必蛀，物久必腐，無百年之室、
百五十年之書，無二十年之衣，故上不及閩、下不及滇也。」可見謝肇淛所
說的瘴蠱為患，指的是濕氣和蛀蟲，而不是古代越人的畜蠱。

　　明朝初年，香山縣（今中山、珠海、澳門）還有畜蠱習俗，洪武年間，
彭豫任香山縣令：「俗善蠱，人被毒者輒死，公廉得之，徙其家，後莫有犯
者。」〔註7〕彭豫勒令停止，此俗逐漸消亡。《明太宗實錄》卷三一說洪武
元年（1368 年）四月：「南海縣人麥康祖以魘魅蠱毒殺人，（廖永忠）又捕
斬之。」

　　晚明廣東已經找不到畜蠱風俗，萬曆二十九年（1601 年）到廣東的南直
隸崑山人王臨亨在他的《粵劍編》卷二《志土風》：「舊傳粵人善蠱，今遍問
諸郡，皆無之。云此風盛於粵西，然解之亦甚易，中蠱者搗生蜆汁飲之，即
無患矣，未知果否。」

　　宣德年間，沉思義升任南海縣都寧（今順德北滘鎮都寧村）巡檢：「其地

〔註7〕　〔明〕王直：《抑庵文後集》卷二八《故香山縣丞彭公行狀》，《影印文淵閣四
　　　　庫全書》第 1242 冊，第 140 頁。

在海島中，蠻蜑常出劫，為民害。君廉得其實，屢率兵捕之，前後獲六十餘人，悉送有司，置之法。蠻始畏伏，民得免寇害。」〔註8〕

　　花茂曾經上奏：「廣州地方若東莞、香山等縣逋逃蠻戶，附居海島，遇官軍則稱捕魚，遇番賊即同為惡，不時出沒劫掠，殊難管轄。」此句的蠻戶也即蠻蜑，其實包括蜑民。

　　中山、珠海、澳門、香港等地的海島原來都是蜑民和瑤族等非漢族居住地。嘉靖《香山縣志》卷一《山川》說：「右在南洋不在版圖者，其諸島今列於左……其民皆島夷也。」嘉靖《香山縣志》卷三《食貨志》：「其不收之民有三……一曰猺人，自廣、慶、溪洞來居谷字都及三灶、橫琴山，刀耕火種。」光緒《香山縣志》卷一《黃粱鎮圖》在今珠海三灶島的西北，原有蛋家灣，今地圖或誤寫為定家灣。

　　明初平定廣東沿海的蜑民時，常把蜑民納入軍戶，羅玘說：「今月某日，上以海南島夷就俘實沿海諸戍將士功，詔君發金幣往賚之。」〔註9〕

　　香港南部的大洲島有一個傳說，說朱洪武之前的蜑家人掌權，漢人結婚前要送給蜑家的頭人睡三晚。朱洪武約定漢人八月十五起義，把蜑家人趕下海，不許他們上陸，不許穿鞋。劉志偉認為這個故事源自元代，〔註10〕我認為朱洪武起義是這個故事無關緊要的部分。明朝開始對蜑家實行嚴格的政策，反映的是明朝的歷史而不是元朝。

　　嘉慶《新安縣志》卷四《山川》：「南亭竹沒山，在老萬山南，周數十里。內有盧亭，俗傳為盧循之後，能入水捕魚鮮食。」1923年《香山縣志續編》卷首《縣境全圖》把大萬山北部的海峽稱為南寧門，應是南亭門。南亭很可能源自盧亭，盧亭源自馬來語的大海 laut，可見蜑民原來是南島語系民族。伶仃島的名字很可能也來自盧亭，內外伶仃島附近都有很多島嶼，不是一個零丁的島，可見不是源自漢語。《元史》卷一六五《周全傳》廣州靈星海，即伶仃洋。珠海高欄島的名字，也是源自越人的干欄建築。

　　清代東莞茶山人歐蘇的《靄樓逸志》卷三《出鳳凰》說：「余邑六、七都

〔註8〕〔明〕王直：《抑庵文後集》卷三二《員外郎沈君墓誌銘》，《影印文淵閣四庫全書》第1242冊，第238頁。

〔註9〕〔明〕羅玘：《圭峰集》卷五《便輯省慶詩序》，《影印文淵閣四庫全書》第1259冊，第66頁。

〔註10〕劉志偉：《大洲島的神廟與小區關係》，鄭振滿、陳春聲主編：《民間信仰與社會空間》，福建人民出版社，2003年，第415～437頁。

以上，村名徑貝，人多務農，語音多雜犵獠之聲。」〔註11〕犵獠是侗臺語系
民族的統稱，徑貝村在今深圳北部山地的石岩鎮（1956 年因建水庫在西鄉沿
海又分建有徑貝村），說明清代東莞縣還有未完全漢化的越人。

現在深圳、香港有很多車公廟，我認為車公即崒公，崒是畬的俗字，讀
音接近，崒字下方的聲旁就是車，車公源自畬族。車公在早期文獻中找不到
線索，現在有一些附會，攀附上古華北的車姓名人，當然不足為據。

香港沙田車公廟的碑刻記載車公大將軍是宋朝江西南昌人，因為平定江
南之亂時戰死，被追贈為大元帥。明末沙田發生瘟疫，車公為民除災，所以
建廟。這顯然是因為客家人之中融合了一些畬族，廣東的客家人主要源自江
西。客家人南遷到香港新界，新界以客家人為主，畬族漢化時因為學習客家
文化，就把車公附會為江西人。車公廟出現的時間較晚，很可能是在明代本
地畬族基本漢化之後才出現。明代廣東沿海的外貿興盛，經濟和文化地位顯
著提高，所以出現地方認同的需要，畬族建造了車公廟，以銘記祖先的真正
血緣。

我在湛江赤坎區南部的文保村也發現一座車帥廟，不知是否源自畬族。
文保村又名麻保村，麻保很像是南方土著語言地名，而不是漢語地名。村民
以黃姓為主，族譜記載祖先來自福建莆田，先遷到廉江的上縣，又遷到湛江
東部的調順島，又遷到遠洋嶺，又遷到文保村。我認為這個傳說很可疑，湛
江和海南的族譜流行祖先來自莆田的觀點，不能證明每個家族都真正來自莆
田。上縣村在廉江縣的內陸，似乎不太可能是福建移民從海路最先遷到的地
方。調順島的地名源自越語，在今湛江東北部的海口。遠洋嶺村已經消失，
在今湛江體育中心，在文保村的東北部不遠。黃姓從內陸遷到海島，又沿海
岸南遷，或許是源自土著越人，車公廟可能源自土著信仰。

現在湛江各地發現很多石狗，令人想到苗瑤族群的祖先盤瓠就是狗，則
古代湛江很可能有很多苗瑤族群，畬族就是源自苗瑤族群，則湛江的車公廟
也有可能來自畬族。

顧炎武《天下郡國利病書·廣東四》稱瑤人：「自言為狗王後，家有畫像，
犬首人服。」清代汪森《粵西叢載》稱瑤族：「女則用五彩繒帛，綴於兩袖前
襟至腰，後幅垂至膝下，名狗尾衫，示不忘祖也。」

〔註11〕李龍潛等點校：《明清廣東稀見筆記七種》，廣東人民出版社，2010 年，第
196 頁。

湛江文保村車公廟

徐聞縣博物館的石狗

　　清代廣東南海縣人顏嵩年的《越臺雜記》說:「大嶼山麓,有島曰大澳,有竦石高數丈,手足、形貌、兜鍪畢肖,遠望儼然一將軍也。倚山而立,右腳踏起,露其陰,挺如溺狀。海寇張保仔,事之如神,凡出掠,呼之輒應則吉,否則凶,殆亦鬼物憑之。一望煙波無際,對岸為淇澳,地屬香山,多鄭

衛之風。形家言此石正照，不免感應。近為淇澳人盜鑿其囊，劈痕宛在，薄俗遂變云。」〔註12〕所謂鄭衛之風，就是男女自由交往，《漢書‧地理志下》最後列舉各地風俗時說：「衛地有桑間濮上之阻，男女亦亟聚會，聲色生焉，故俗稱鄭衛之音。」其實淇澳的鄭衛之風也是原住民習俗的殘留。

我在 2017 年 10 月乘船到大澳，路過大嶼山西北部海邊，看到這個石壁，下方有一個很高的海蝕洞，類似有人伸腿立在海中，被附會為將軍石。

香港大嶼山西北海邊的將軍石

明鄭善夫《璚州歌五章》：「君家住近海門潮，君去朱厓不寂寥。哨哨罔兩能人語，種種烏蠻解漢謠。」〔註13〕

清代珠江上的疍民乘坐沙艇、孖艔（小艔），更喜愛生女兒，妓女住在花艇上，旁邊另有姻緣艇接客。男的叫珠兒，女的叫珠女、珠娘，又叫龍女，梳著高髮髻，唱鹹水調、摸魚歌。喜歡吃魚生，來自廉州、雷州、順德、東莞的船還運來白蟹、紅蝦、烏欖豉。龍穴島蜆螺岩有石公、石姥，婦女祭祀，傳說手伸入摸到蜆則生女，摸到螺則生男。〔註14〕

〔註12〕〔清〕羅天尺、李調元等撰、林子雄點校：《清代廣東筆記五種》，廣東人民出版社，2015 年，第 474 頁。
〔註13〕〔明〕鄭善夫：《少谷集》卷八，《影印文淵閣四庫全書》第 1269 冊，第 133 頁。
〔註14〕王利器、王慎之、王子今輯：《歷代竹枝詞》，第 504、1190、3681、3699、3706、3720、3723、3725、3940、4000 頁。

　　晚清粵西的壯瑤和海南島生黎加速漢化，李長榮《羅定竹枝詞》：「叢箐荒崖錯雜居，峝蠻講學結茅廬。猺不解中華語，長日吚吚學讀書。」李長榮《瓊州竹枝詞》：「近日生黎多識字，廟旁偷讀白沙碑。」〔註15〕

　　1950 到 1960 年代，廣州疍家十萬人上岸定居，分布在大沙頭三馬路、中山八路、濱江路、沿江路、南岸路等地。

第四節　宋元明清廣西的漢化

　　南方范成大《桂海虞衡志·志蠻》說廣西有猺、獠、蠻、黎、蜑五種人，顯然對應瑤族、壯族、苗族、黎族、疍民，南宋海南島屬廣西，疍民很多源自南島民族。

　　范成大說：「羈縻州洞，隸邕州左右江者為多。舊有四道，儂氏謂安平、武勒、忠浪、七源四州，皆儂姓。又有四道黃氏，謂安德、歸樂、露城、田州，皆黃姓。又有武侯、延眾、石門、感德四鎮之民，自唐以來內附。分析其種落，大者為州，小者為縣，又小者為洞。國朝開拓浸廣州縣洞五十餘所，推其雄長者為首領，籍其民為壯丁。其人物獷悍，風俗荒怪，不可盡以中國教法繩治，姑羈縻之而已。有知州、權州、監州、知縣、知洞，其次有同發遣、權發遣之屬，謂之主戶。餘民皆稱提陀，猶言百姓也。其田計口給民，不得典賣，惟自開荒者由己，謂之祖業口分田。知州別得養印田，猶圭田也。權州以下無印記者，得蔭免田。既各服屬其民，又以攻剿山獠及博買嫁娶所得生口男女相配，給田使耕，教以武技，世世隸屬，謂之家奴，亦曰家丁。民戶強壯可教勸者謂之田子、田丁，亦曰馬前牌，總謂之洞丁。今黃姓尚多，而儂姓絕少。智高亂後，儂氏善良，許從國姓。今多姓趙氏，有舉洞純一姓者。婚姻不以為嫌，酋豪或娶數妻，皆曰媚娘。宜州管下亦有羈縻州縣十餘所，其法制尤疏，幾似化外。」〔註16〕

　　北宋吳處厚《青箱雜記》卷三：「嶺南風俗，相呼不以行第，唯以各人所生男女小名呼其父母。元豐中余任大理丞，斷賓州奏案，有民韋超，男名首，即呼韋超作父首。韋遴男名滿，即呼韋遴作父滿。韋全女名插娘，即呼韋全作父插。韋庶女名睡娘，即呼韋庶作父睡，妻作嬸睡。」賓州（今賓陽

〔註15〕王利器、王慎之、王子今輯：《歷代竹枝詞》，第 2620、2621 頁。
〔註16〕〔宋〕范成大撰、孔凡禮點校：《桂海虞衡志》，北京：中華書局，2002 年，第 134～135 頁。

縣）的人名按照壯語的詞序，父某指某人之父。

南宋時，廣西的東部迎來很多北方移民，再次加速漢化，《輿地紀勝》卷一百四說：「容縣介桂、廣間，渡江以來，避地留家者眾。」蔡條《鐵圍山叢談》卷六說：「嶺右頃俗淳物賤。吾以靖康歲丙午遷博白。時虎未始傷人，村落間獨竊人家羊豕，雖婦人小兒見則呼而逐之，必委置而走。有客常過壚井，繫馬民舍籬下。虎來瞰籬，客為懼。民曰：此何足畏。從籬旁一叱，而虎已去。村人視虎，猶犬然爾。十年之後，北方流寓者日益眾，風聲日益變，加百物湧貴，而虎浸傷人。今則與內地勿殊，啗人略不遺毛髮。」

南宋末，廣西疍民抵抗元軍，《元史》卷一六五《朱國寶傳》至元十六年（1279 年）：「蠻賊連結鬱林、廉州諸洞，恣行剽掠，國寶悉平之，磔屍高、化，以懲反側。」卷十一《世祖紀八》十七年正月辛酉：「廣西廉州海賊霍公明、鄭仲龍等伏誅。」

左右江仍然是瘴癘之地，蒙古人不願就任，《元史》卷十五《世祖紀十二》至元二十五年十月丙寅：「湖廣省言：左、右江口溪洞蠻獠，置四總管府，統州、縣，洞百六十，而所調官畏憚瘴癘，多不敢赴，請以漢人為達魯花赤，軍官為民職，雜土人用之。就擬夾谷三合等七十四人以聞，從之。」夾谷氏是女真人，其實是北方人。

明初烏斯道路過容州（今容縣），有詩云：「道出容州蜑泊船，可人相見玉娟娟。隔溪咫尺神仙窟，不得幽探小洞天。」自注：「是州諸獠皆能文。」〔註 17〕說明元代的容縣一帶越人已經漢化。現在廣西唯有東南部壯族最少，因為宋代這一帶就加速漢化。

現在廣西東北部與左右江沿岸有數百萬人使用漢語方言平話，基因檢測顯示平話人群有很多是南方土著的後代，不是北方漢族的後代。有學者認為平話源自北方軍隊平定南方，甚至認為源自南寧的平南村。〔註 18〕此說顯然不可信，周去非《嶺外代答》卷四《方言》說廣西：「至城郭居民，語乃平易，自福建、湖湘，皆不及也。」平話是指平易好懂，吳語區的人自稱吳語為白話，粵語區的人自稱粵語為白話，白就是直白易懂。平話類似白話，原來不是專名。平話的名字不是源自軍事平定，但是其形成原因有漢族軍人移民的

〔註 17〕〔明〕烏斯道：《春草齋集》卷五《甲寅臘月十日自石龍赴廣州會城途中紀行十六首》，《影印文淵閣四庫全書》第 1232 冊，第 175 頁。

〔註 18〕徐傑舜、李輝：《嶺南民族源流史》，第 472～502 頁。

成分，不過更有商業和農業等多種移民的原因。

　　清代廖燕的《羊城竹枝詞》說：「江樹青青江草齊，留人洞裏使郎迷。」自注：「相傳粵西有留人洞，亦齊東野人語也。」〔註 19〕我認為廣西的留人洞應該是獠人洞，被附會為留人洞。

　　清代屈大均《永安道中作》：「蒙山蒙水古蒙州，煙瘴千年毒未收。僮女盡能欺虎豹，欄房一半與豬牛。」自注：「自荔浦至平南，民僮雜居，不可辨識，大抵屋居者民，欄居者僮。欄以木架起如樓，上以棲人，下以棲群畜，名曰欄房，亦曰高欄。狼則不然，自荔浦至平南多僮人，自潯陽至貴縣多狼人。」〔註 20〕永安州是今廣西蒙山縣，荔浦到平南的很多僮族已經在很多地方漢化，難以辨別，但是房屋有別。

　　現在廣西北部的桂林、柳州和一些城市是官話分布地，嘉靖《廣西通志》卷十七《風俗》：「近楚者多正音，與中州同。近粵者多蠻音，與高、廉同。」蠻音是粵語，1949 年的《廣西通志稿·社會編·氏族二》稱桂林城內人：「湘贛最夥，閩粵次之。」嘉靖《廣西通志》卷五十《外志》稱太平府崇善縣（今崇左）自從宣德五年改土歸流：「民漸知禮義，頗能官話，以密邇府治故也。」乾隆二十九年《柳州府志》稱苗族女子：「善為漢音，操楚歌。」明代桑悅《記壯俗六首》稱象州：「能通官語惟村老。」1938 年的《象縣志》第二編《人口》稱瑤族也能說官話和粵語，1948 年《象縣志》第二編《社會·方言》稱壯族也能說官話。1946 年《三江縣志》卷二《社會》稱侗族、壯族半習官話，瑤族則全能說官話。不過，此時廣西的多數地方仍然不流行官話，城郊和鄉村基本用平話和各種民族語言。〔註 21〕

第五節　元明清貴州的漢化

　　貴州省在唐代雖然先屬江南道，但是基本都是黔州都督府之地，黔州在今重慶彭水，可見唐代的貴州省仍然主要通過重慶與中原交往，這也是秦漢以來的主要道路。元代貴州省改屬湖廣行省，這為明清中原到雲南的交通改

〔註 19〕王利器、王慎之、王子今輯：《歷代竹枝詞》，第 838 頁。

〔註 20〕〔清〕屈大均：《道援堂詩集》，《四庫禁燬書叢刊》第 52 冊，第 634 頁。

〔註 21〕范玉春：《官話在廣西傳播的歷史過程與分布研究》，周長山、林強主編：《歷史·環境與邊疆——2010 年中國歷史地理國際學術研討會論文集》，廣西師範大學出版社，2012 年，第 561～573 頁。

走貴州奠定了基礎。元代還建設了從雲南經過今貴州到湖南的驛站，經過普安（今盤縣）、普定（今安順）、順元（今貴陽）、麻峽（今麻江）、羅仲（今凱里）、偏橋（今施秉）到鎮遠。這條路線就是明清以來貴州省的中軸線，可見元代對明代貴州建省奠定了基礎。

一、元代貴州的漢化

元代貴州改屬湖廣行省的原因，很可能是宋代開拓湘西，導致湘西加速漢化，所以貴州和中原的交通改道湖南。雖然宋代在南平軍和今貴州省北部新設很多州縣，但是重慶的人口不及湖南，所以來自湖南的開發動力更大。

元初征討貴州的軍隊來自四川、湖南等多個方向，《元史》卷一六五《郭昂傳》：「轉沅州安撫司同知，佩金符，招降溪洞八十餘柵。播州張華，聚眾容山，昂率兵屠之，山傜、木貓、土獠諸洞盡降。十六年，以諸洞酋入朝，帝賜金綺衣、鞍轡，進安遠大將軍。」山傜是瑤族，木貓應即木佬人，土獠是仡佬族的一支，都在貴州北部。

據《元史》本紀，至元十五年閏十一月庚戌朔，羅氏鬼國主阿榨、西南蕃主韋昌盛並內附，詔阿榨、韋昌盛各為其地安撫使，佩虎符。十二月己卯，簽書西川行樞密院咎順，招誘都掌蠻夷及其屬百一十人內附，以其長阿永為西南番蠻安撫使，得蘭紐為都掌蠻安撫使，賜虎符，餘授宣敕、金銀符有差。戊申，以敘州等處禿老蠻殺使臣撒里蠻，命發兵討之。十六年六月癸巳，詔以高州、筠連州騰川縣新附戶，於溆州等處，治道立驛。二十一年八月丁未，雲南行省言：「華帖、白水江、鹽井三處土老蠻叛，殺諸王及行省使者。」調兵千人討之。二十七年正月己巳，改西南番總管府為永寧路（今敘永縣高峰鄉）。

至元十六年十二月庚辰，思州安撫使田景賢、播州安撫使楊邦憲，請歸宋舊借鎮遠、黃平二城，仍撤戍卒，不允。丙申，從播州安撫楊邦憲請，以鼎山仍隸播州。十六年正月壬戌，改播州鼎山縣為播川縣（今桐梓）。

至元十六年三月甲戌，潭州行省遣兩淮招討司經歷劉繼昌，招下西南諸番，據《元史·地理志》，設大龍番應天府安撫司、小龍番靜蠻軍安撫司、臥龍番南寧州安撫司、程番武盛軍安撫司、洪番永盛軍安撫司、方番河中府安撫司、石番太平軍安撫司、盧番靜海軍安撫司、羅甸國遏蠻軍安撫司。戍兵 3000 人，招降西南八番與羅氏 1626 寨、101168 戶，西南五番（程、洪、方、石、盧）1186 寨、89400 戶，西南番 315 寨，大龍番 360 寨。至元三十

年正月，斡羅思請以八番見戶，合思、播之民兼管，徙宣慰司治辰、沅、靖州，常賦外，歲輸鈔三千錠，不允。至元三十一年五月丁卯，八番宣慰使斡羅思犯法，為人所訟，懼罪逃還京師。七月戊辰，減八番等處所設官二百一十六員。八番稱新附九十萬戶，設官四百二十四員，及遣官核實，止十六萬五千餘戶，故減之。

至元二十年，四川行省討平九溪十八洞，設順元宣撫司，治今貴陽。二十一年閏五月己卯，改思州、播州隸順元路宣撫司，罷西南番安撫司，立總管府。二十八年，從四川行省改屬湖廣行省。以楊漢英為紹慶（治今彭水）、珍州（治今道真）、南平（治今綦江）等處沿邊宣慰使，行播州（治今遵義）軍民宣撫使、播州等處管軍萬戶，從湖廣改屬四川。

至元二十九年三月己酉，中書省臣言：「亦奚不薛及八番羅甸既各設宣慰司，又復立都元帥府，其地甚狹而官府多，宜合二司帥府為一。」詔從之，且命亦奚不薛與思、播州同隸湖廣省，羅甸還隸雲南，以八番羅甸宣慰使斡羅思等並為八番順元等處宣慰使都元帥，佩虎符。

成宗大德元年（1297 年）八月壬戌，八番、順元等處初隸湖廣，後改隸雲南，雲南戍兵不至，其屯駐舊軍逃亡者眾，仍命湖廣行省遣軍代之。十二月己卯，平伐（今龍里縣）等蠻未附，播州宣撫使楊漢英請以己力討之，命湖廣省答剌罕從宜收撫。平伐本應屬順元路，可能因為湖廣、雲南兩省不管，所以播州土司從中插手。

唐宋以來，遵義到貴陽、惠水、羅甸就是貴州的南北中軸線，元代也是從這條南北中軸線開始向兩邊征討。貴陽因為在東西和南北兩條中軸線的交接點，所以元代正式成為貴州的政治中心。因為貴州省的地形大體上類似，所以在幾何中心的貴陽成為政治中心。

元代稱貴州東部的諸多民族為洞蠻，唐代已經如此，柳宗元《柳州洞氓》詩云：「郡城南下接通津，異服殊音不可親。青箬裹鹽歸峒客，綠荷包飯趁虛人。鵝毛禦臘縫山罽，雞骨占年拜水神。」至元十六年八月庚寅，敕沅州路蒙古軍總管乞答合，征取桐、木籠、犵狫、伯洞諸蠻未附者。木籠即木佬人，上文指出《周書》已有木籠獠。

至元十七年十二年己卯，羅氏鬼國土寇為患，思、播道路不通，發兵千人與洞蠻開道。二十年三月戊午，以新附洞蠻酋長為千戶。秋七月丁丑朔，敕荊湖、西川兩省，合兵討義巴、散毛洞蠻。二十九年正月丙辰，播州洞蠻，

因籍戶懷疑竄匿，降詔招集之。元成宗元貞三年（1297年）十一月丁卯，以蠻洞將領彭安國父子討田知州有功，賜安國金符，子為蠻夷官。散毛洞在今湖北來鳳縣，彭安國是宋代的北江彭氏，可見思州等處洞蠻是土家族而非侗族，元代侗族也被稱為洞蠻。

至元二十六年五月辛丑，青山貓蠻以不莫臺、卑包等三十三寨，相繼內附。七月戊午，貴州貓蠻三十餘人作亂，劫順元路，入其城，遂攻阿牙寨，殺傷官吏，其眾遂盛。湖廣省檄八番蔡州、均州二萬戶府及八番羅甸宣慰司合兵討之。貓蠻，不是上文的木籠（木佬），應是苗族，說明貴陽附近有很多苗族。泰定帝泰定二年（1325年）十月，播州凱黎（今凱里）苗率諸寨苗、獠為寇。今天的凱里正是貴州東部苗族分布地的核心，。

至元二十六年六月甲戌，西南夷中下爛土等處洞長忽帶等，以洞三百、寨百一十來歸，得戶三千餘。二十八年十月丁亥，洞蠻爛土立定雲府，改陳蒙洞為陳蒙州，合江為合江州。中書省臣言：「洞蠻請歲進馬五十匹、雨氈五十被、刀五十握，丹砂、雌雄黃等物，率二歲一上。」二十九年正月癸丑，八番都元帥劉德祿言：「新附洞蠻十五寨，請置官府以統之。」詔設陳蒙、爛土軍民安撫司。有詔從其所為。定雲、爛土在今三都縣的西南，此處的洞蠻是水族。

至元二十八年十一月乙卯，新添葛蠻宋安撫，率洞官阿汾、青貴來貢方物。十二月，改辰、沅、靖州轉運司為湖北湖南道轉運司，立葛蠻軍民安撫司，治今貴定。二十九年正月乙巳，其荊湖北道宣慰司舊領辰、沅、澧、靖、歸、常德，直隸湖廣省。從葛蠻軍民安撫使宋子賢請，詔諭未附平伐、大甕眼、紫江、皮陵、潭溪、九堡等處諸洞貓蠻。葛蠻是侗族，所以討伐苗族。甕眼即今甕安，平伐在今貴定南部。至元二十九年六月辛巳，洞蠻鎮遠立黃平府（今黃平），此處的洞蠻也是侗族。

泰定帝泰定三年（1326年）四月癸未，播州蠻黎平愛復叛，合謝烏窮為寇，宣撫使楊燕禮不花招平愛出降。烏窮不附，命湖廣行省討之。黎平在今黔東南，也是侗族之地，但是被播州控制。

至元二十七年三月庚申，置金竹府（今長順縣）大隘等四十二寨蠻夷長官。九月戊申，金竹府知府掃閭，貢馬及雨氈，且言：「金竹府雖內附，蠻民多未服。近與趙堅招降竹古弄、古魯花等三十餘寨，乞立縣，設長官、總把，參用土人。」從之。至元二十九年九月丁卯，中書省臣言：「八番斡羅

思，招附光蘭州洞蠻，宜置定遠府，就用其所舉禿干、高守文、黃世曾、燕只哥為達魯花赤、知府、同知、判官。」制曰可。定遠府在今平塘縣，金竹、定遠府都是布依族之地，此處的洞蠻是布依族。

元成宗時，貴州：「八番部雜民夷，時時弄兵。元貞初，選公（札拉爾）為宣慰使、都元帥、鎮國上將軍。建議立葛蠻宣撫司，招徠之，錫布喇臺乞即落東等番，恃險怙終，躬平之。部落歸者三千戶，設教條，明戒賞，俄龍平、連思、婁浴、暮梅、求那諸夷，皆願受約束。明年，蠻酋羅陳、羅何、羅廉部其民五十戶降，公領其酋入覲。成宗大喜，賜金織衣且官其酋。」〔註22〕

至元二十六年正月丁卯，成都管軍萬戶劉德祿上言，願以兵五千人招降八番蠻夷，因以進取交趾。三十年十二月乙未，遣使督思、播二州及鎮遠、黃平，發宋舊軍八千人，從征安南。

元成宗調集貴州八番人征八百媳婦國（在今泰國北部），《元史》卷一六八《陳天祥傳》大德二年（1298 年）：「行省右丞劉深遠征八百媳婦國……經過八番，縱橫自恣，恃其威力，虐害居民，中途變生，所在皆叛。深既不能制亂，反為亂眾所制，軍中乏糧，人自相食，計窮勢蹙，倉黃退走，土兵隨擊，以致大敗。深棄眾奔逃，僅以身免，喪兵十八九，棄地千餘里。朝廷再發陝西、河南、江西、湖廣四省諸軍，使劉二霸都總督，以圖收復叛地。湖北、湖南大起丁夫，運送軍糧，至播州交納，其正夫與擔負自己糧食者，通計二十餘萬……又聞八番羅國之人，向為征西之軍擾害，捐棄生業，相繼逃叛，怨深入於骨髓，皆欲得其肉而分食之。」可見貴州此時已經成為湖廣到雲南的要道，雖然貴州各族叛元導致元軍大敗，但是貴州在中國的地位不斷提升。

元明宗天曆二年（1329 年），又征討貴州各族，鄭昂宵：「天曆元年，拜湖廣省參知政事……明年二月，復湖廣參政，賜鞍段、甲仗，征蜀，四月抵播州石虎，開蜀道通……我元建行省為大藩，湖廣控滇、蜀，山海阻深，猺獠之所蟠穴，邊報沓至，獨以兵稱，戍將視他省為多。」〔註23〕

〔註22〕〔元〕許友壬：《至正集》卷三八：《札拉爾公祠堂記》。
〔註23〕〔元〕許友壬：《至正集》卷五二《故通奉大夫湖廣等處行中書省參知政事鄭公神道碑銘》。

二、明代貴州的漢化

明朝初年，貴州宣撫司分為水西安氏、水東宋氏兩部。洪武十四年，水西安氏夫人的奢氏在都督馬曄的鞭撻下準備叛變，水東宋氏夫人的劉氏去南京告發。十七年，奢氏去南京朝覲，朱元璋要求修築從貴陽到四川的驛道。永樂十一年，思南、思州相仇殺，明軍平定，設八府（貴陽、思州、鎮遠、思南、銅仁、石阡、黎平、都勻）、四州（安順、鎮寧、永寧、普安），建貴州布政使司。八府都在東部，四州都在西部。

王士性《廣志繹》說貴州：「其地止借一線之路入滇，兩岸皆苗……其開設初，只有衛所，後雖漸漸改流，置立郡邑，皆建於衛所之中。衛所為主，郡邑為客。縉紳拜表祝聖，皆在衛所。衛所治軍，郡邑治民。軍即尺籍，來役戍者也。故衛所所治皆中國人，民即苗也。土無他民，止苗夷，然非一種，亦各異俗……諸省惟雲南諸夷雜處之地，布列各府，其為中華人惟各衛所戍夫耳。」貴州的漢人集中在湖南去雲南的一條線路上，州縣都在衛所之中。雲南的漢人也在衛所之中，但是散佈在各地。

貴州和四川交界處的族群很多，僰人是濮人，仲家是布依族，貓子是木佬人，猓玀讀為果洛，即仡佬族，羿子是仡佬族的一支。正德年間僰人曾經起兵，很快被平定，《明武宗實錄》卷一四九：「正德十二年五月乙亥朔，四川敘州僰人子普法惡等作亂，平之。烏荒、芒部二府葛魁等寨，地與筠連、珙縣諸寨接境，周遭千里。山箐深阻，各種蠻夷：僰人子、羿子、仲家子、貓子、猓玀等，雜處其中。普法惡，身長七尺，通漢語，曉符籙，以此自負，潛懷異志。嘗與夷婦米浪通，遂以米浪為王母孫、彌勒佛出世。自稱蠻王，扇誘諸夷，從者日眾，略傍近居民，肆其荼毒。巡撫都御史馬昊，先後撫諭之，不從。乃調兵征之，進攻青山下峰崖小寨。普法惡率眾來援，單騎衝陣，中箭墜馬殲焉。諸蠻大奔，凡斬首一千五百餘顆，昊及總兵官吳坤，以捷聞。各賜敕獎勵，齎奏者升賞如例，有功人員令兵部議處以聞。」

據考證，明代貴州的漢族軍隊多達 20 萬，這個數字與明初進入雲南的漢族軍隊相仿，則明初的貴州漢族軍隊不及雲南，雖然有很多民間移民補充，但是貴州漢族仍然受到非漢族的影響，甚至有很多在近代被誤以為是非漢族，穿青人就是一個典型的例子，詳見第十章第五節。

貴州錦屏縣三江鎮的江西街村，是清代江西移民江、張、曾三姓創立，有江西會館，民國改建為萬壽宮。江西街是小江河谷的中心，漢文化和侗文

化深入融合。〔註24〕雲貴的很多萬壽宮都是江西人建立，施秉縣施洞鎮有江西街村，平壩縣有江西村，盤州市坪地彝族鄉有江西街村，普安縣有江西坡鎮，《貴州省墓誌選集》的《民國姚源清墓誌銘》說：「先世自江西撫州遷黔之貴築，曾祖文智，祖玉德，考廷輔，皆以商為業。黔之初闢，撫州人最先至，貿布販脂，無大商也。其後，南昌人挾資雄於黔，撫州人遂貧。」

　　江西和湖南單身男人來到西南往往和當地民族的女人通婚，加速西南漢化，清代乾隆時國梁《黔中竹枝詞》說：「西江南楚客來孤，蠻語能工解面諛。非寇居然作婚媾，山妻懷抱子呱呱。」〔註25〕因為大量江西和湖南人來到雲貴，導致現在很多非漢族的族譜都聲稱祖先來自江西或湖南。雲南丘北縣戈寒鄉塘蛇村的康熙三年（1664年）遷徙定居告示碑，記載本地壯族祖先從南京經過巴行、弄納、花長、窩培、那連，到此地定居。〔註26〕經過的地方都是壯語地名，顯然不是來自南京的漢族。

　　葉成勇研究了喇叭苗的由來，貴州晴隆縣最北部的長流鄉，1992年合併了魯打鄉，魯打是喇叭苗的聚居地。魯打龍氏的族譜記載祖先是明初來的軍人，但是龍天祐的墓碑記載：「其始祖元授懷遠將軍，以開其先，二世祖授宣慰司，以守其土。明授貢寧安撫司管普安州同知，世皆弗替。越數百餘代，暨公之身。」則龍氏是祖先在元代就是土司，再看其祖先的名字，有四代姓隆，第四代隆禮的孫子才改姓龍，證明龍氏的族譜是很晚才模仿漢族移民攀附漢化，龍氏原來是彝族。李氏族譜記載祖先是洪武十二年奉命來征討南洪的貓革老（仡佬），現在喇叭苗的聚居地還有仡佬沖、仡佬壩等地名，證明原來此地是仡佬族的聚居地。1928年的《普安縣志》卷十五《苗蠻》：「湖廣兵不思還鄉，贅苗婦以為室，遂家焉。數百年來，男子服飾與漢人同，婦女仍守祖風，服飾、衣物、飲食猶然苗也，實則漢種也。」這種男女來自不同民族的融合在世界各地都有，造成男女的服飾有別。乾隆年間愛必達的《黔南識略》卷二十八《普安縣》：「興讓里有老巴子，亦苗類，由湖南移居於此，其服飾與漢民同，語音稍異。」卷二十九《普安直隸廳》：「又僰人，俗呼為民家子，自滇遷來，其族多趙、何等姓。又仡佬，俗呼為老巴子，自楚流入，其族多鄧、楊等姓。」則喇叭苗（老巴子）是漢族和仡佬族融合形成，葉成

〔註24〕王宗勳：《鄉土錦屏》，貴州大學出版社，2008年，第26～27頁。
〔註25〕王利器、王慎之、王子今輯：《歷代竹枝詞》，第1025頁。
〔註26〕雲南省文化廳編著：《中國文物地圖集》云南分冊，圖片第118頁、文字第178頁。

－271－

勇認為明初湖南來的土兵有湖南的苗族，可能是喇叭苗被歸入苗族的原因，我認為也可能是因為在貴州和苗族融合。

鄧氏族譜記載祖先是湖廣邵陽人，但是也有來自江西的移民，劉氏族譜記載祖先是江西吉安人，明初從軍遷來。〔註 27〕但是我認為未必可信，可能是明清時期的普通移民。晴隆縣的北部因為在黔西北高原的邊緣，是多個民族的交匯處，所以形成了多民族融合的現象。

還有很多四川、華南人來到雲貴，嘉靖《思南府志》卷七：「弘治以來，蜀中兵荒，流移入境，而土著大姓將各空閒山地招佃安插。」清代愛必達《黔南識略》說松桃廳：「蜀、楚、江西商民居多，年久便成土著。」民國初年的《貴定縣志》：「清嘉道間，閩廣人僑寓於此，倡種煙葉。」

明代中後期貴州省新設的府州縣，集中在北部和東西交通乾道的東部，正統八年（1443 年）設施秉縣，弘治七年（1494 年）設獨山州（今獨山縣）、清平縣（今凱里縣），正德元年（1506 年）設荔波縣，萬曆二十五年設天柱縣（今天柱縣），二十九年（1601 年）平播州土司，設遵義府與平越府，遵義府轄遵義縣、桐梓縣、綏陽縣、真安州（今正安縣）。平越府轄平越縣（今福泉縣）、龍泉縣（今鳳岡縣）、黃平縣、甕安縣、餘慶縣。三十六年（1608年）設貴定縣，崇禎四年設開州（今開陽縣）。

三、清代貴州的漢化

清初在黔西北新設一些府州，又在黔西大量改衛為縣，又順治十八年（1661 年）在新興所設普安縣，康熙四年（1665 年），在黔西北水西土司設大定府（今大方縣）、黔西府（今黔西縣）、平遠府（今織金縣），改烏撒土府為威寧州。十年（1671 年），改龍里衛為龍里縣。二十六年（1687 年）改畢節衛為畢節縣，改安南衛為安南縣（今晴隆縣），改敷勇衛為修文縣，改平壩衛為平壩縣，改威清衛、鎮西衛為清鎮縣。

清代中期的貴州省新設府州廳縣，向四邊推進，從雍正六年（1728 年）到乾隆元年（1737 年），征討黔東南，新設了六廳：丹江（今雷山縣）、八寨（今丹寨縣）、都江（今三都縣）、古州（今榕江縣）、臺拱（今臺江縣）、清江（今劍河縣）。雍正四年（1726 年）設長寨廳（今長順縣），五年（1727

〔註 27〕葉成勇：《「喇叭苗」家族史調查與相關問題探析——以晴隆縣長流鄉為個案》，《地方文化研究》2015 年第 1 期。

年）設永豐州（今貞豐縣），八年（1730 年）設歸化廳（今紫雲縣）、松桃廳
（今松桃縣），十一年（1733 年）設水城廳（今水城縣）。嘉慶三年（1798
年）改南籠府為興義府，設興義縣（今安龍縣）。乾隆三年（1738 年）設遵
義分府，十三年改為遵義廳，四十一年改為仁懷廳，光緒三十四年（1908 年）
改為赤水廳（今赤水縣）。乾隆三十五年，設下江廳（今從江縣）。

　　道光十六年（1836 年）設理苗州（今冊亨縣），光緒六年（1880 年）銅
仁縣移治大江口，1913 年改銅仁府為銅仁縣，銅仁縣改為江口縣。光緒六年
設羅斛廳，1930 年改名羅甸縣。1913 年設邛水縣，1924 年改名靈山縣，1927
年改名三穗縣。光緒八年（1882 年），安化縣移治大堡，1914 年改名德江縣。
1914 年設平舟縣、大塘縣，1941 年合併為平塘縣。1914 年設沿河縣、息烽
縣，1915 年設習水縣，1940 年設望謨縣，1941 年設道真縣、金沙縣、納雍
縣，1942 年設赫章縣。

　　清代謝遂的《職貢圖》說餘慶、施秉等處的水犵狫：「男子衣服亦與民
無異。」說明男子服飾先漢化，又說貴定、黔西等處的木姥（木佬）：「木老
與剪髮犵狫同領於平伐等土司……其在貴定、清平者，風俗、服食俱類漢人，
有讀書為諸生者。」貴定、清平因為在東西大道，所以木佬人漢化較快。又
說都勻、平越等處紫姜苗：「明以前，係化外生苗。雍正八年，新闢苗疆，
置丹江通判駐之……平越、黃平諸苗，近頗向化，能通漢語，亦有讀書應
試者。」丹江在今雷山縣，雖然在黔東，但是明代在雷公山地區不設州縣。
平越（今福泉）、黃平在東西大道，所以漢化較快。畢沅《紅苗竹枝詞》自
注：「歸化以來，頗知法度。其苗童之良秀者亦讀書，以名列黌序為榮。」
〔註 28〕

　　陸次雲《峒谿纖志》：「今諸苗中，唯仲家聰明，能讀書，頗有仕宦，然
其習俗險譎，苗中盡畏之。姓字衣飾，多與漢同，不盡用苗飾也……峒人今
稱峒家，衣冠如漢人，亦自諱其峒人。習漢俗者久，子弟多讀書，但婦女不
纏足，春秋場期男女會歌為異耳……（八番苗）善治蠱毒，身帶刀弩，多為
盜賊，亦有識字充胥役者，苗而近漢者也。喪食魚蝦，而禁禽獸之肉。」仲
家、八番苗都是布依族，八番源自八大家族（龍、羅、石、方、張、韋、程、
盧）。侗族和布依族因為在貴州的東南部，靠近漢地，所以漢化較快。

〔註 28〕王利器、王慎之、王子今輯：《歷代竹枝詞》，第 1150 頁。

四、當代貴州民族識別的問題

因為歷史上貴州很多民族漢化時，仿照漢族的族譜，也自稱祖先來自江西等地，所以給民族識別造成很大問題，很多人誤以為這些民族真的是來自江西，甚至錯誤地劃分民族。

貴州的東家人，清代桂馥《黔南苗蠻圖說》鴨崽苗：「在都勻府屬，男服飾效漢裝，女則堆髻、短裙、露兄、跣足、長簪、大環、項圈、錦衰，以種山、漁獵為務。風俗與水家、撞家等大略相同。」任可澄、楊恩元在 1948 年編成的《貴州通志·土司民族志》：「佟苗，麻哈州有之，《訪冊》云，佟苗類於夭家……善養鵝，以是為生，故人謂之鴨崽苗。」

我認為東家人自稱哈萌，顯然接近苗瑤民族的自稱 Hmong，所以《訪冊》稱其習俗類似夭家也即瑤族。東家應是洞家，我在上文已經考證，元代的苗族也被稱為洞蠻。因為明清雲貴很多非漢族的家譜，仿造漢族家譜認為祖先來自江淮或江西，所以不能因為其族譜聲稱祖先來自江西，就認為其祖先真的來自江西。1996 年，東家人竟被貴州省政府認定為畬族，我認為這個認定可能有誤。畬族是很早從苗瑤族群中東遷到粵東、福建、浙江的一支，分化已經很久。畬族歷史上似乎未曾西遷，畬族也未聽過有哈萌的自稱。我們至今未看到有明確的證據表明，東遷的畬族再西遷到貴州形成東家人。

第六節　元明清雲南的漢化

元朝在大理國故地設雲南省，這是蕭梁以來雲南再被中原王朝正式統治，雖然元朝在雲南的統治者有蒙古人、色目人（回族）和漢族等多個民族，但是元朝以來的雲南仍以漢化為主。

一、元代雲南的漢化

至元十年六月丙子，以平章政事賽典赤行省雲南，統合剌章、鴨赤、赤科、金齒、茶罕章諸蠻，賜銀二萬五千兩、鈔五百錠。蒙古語的合剌、茶罕是黑、白，藏族稱納西族為 Hjang，〔註 29〕合剌章、茶罕章即黑 Hjang、白 Hjang，即今大理、麗江。鴨赤是昆明，馬可波羅在行紀中稱為 Jachi。赤科

〔註29〕西漢在今麗江之東的永勝縣設姑復縣，有姑繒夷，姑繒顯然就是 Hjang。《元史》卷六一建昌路姜州：「姜者蠻名也。」姜州在今會東縣姜州鄉，證明此處很早就有納西族。

疑是科赤，即緬甸的克欽族，現在中國稱為景頗族。金齒是傣族，馬可波羅稱為 Zardandan，這是波斯語的金齒。

至元十二年二月乙丑，宋福州團練使、知特摩道事（今廣南）農士貴，率知那寡州農天或、知阿吉州農昌成、知上林州（今西林）農道賢，州縣三十有七，戶十萬，詣雲南行中書省請降。十三年正月丁亥，雲南行省賽典赤改定的雲南諸路名號。元成宗大德十年（1306 年）所立的《世祖平雲南碑》記載元朝平定大理後設：「凡總府三十七、散府八、州六十、縣五十、甸部寨六十一，見戶二十八萬七千七五十三。」

金齒等處宣撫司，在大理西南，瀾滄江之西，西接緬地。土蠻八種：金齒、白夷、僰、峨昌、驃、繲、渠羅、比蘇。元憲宗四年，平定大理，征白夷等蠻。中統初，金齒、白夷諸酋各遣子弟朝貢。二年，立安撫司以統之。至元八年，分金齒、白夷為東西兩路安撫使。十二年，改西路為建寧路，東路為鎮康路。十五年，改安撫為宣撫，立六路總管府。二十三年，罷兩路宣撫司，併入大理金齒等處宣撫司。

至元十三年，立柔遠（今保山西南到龍陵）、茫施（今芒市）、鎮康（今鎮康、永德）、鎮西（今盈江）、平緬（今隴川）、麓川（今瑞麗）等路。十二月丁卯，改雲南蘿葡甸為元江府路（今元江縣）。十五年四月丁丑，雲南行省招降臨安、白衣、和泥分地城寨一百九所，威楚、金齒、落落分地城寨軍民三萬二千二百。臨安路、和泥路在今紅河州，河泥即哈尼族，白衣是擺夷（傣族），落落即羅羅（彝族）。

至元十六年六月，雲南都元帥愛魯、納速剌丁招降西南諸國。愛魯將兵分定亦乞不薛，納速剌丁將大理軍抵金齒、蒲驃、曲蠟、緬國界內，招忙木、巨木禿等寨三百，籍戶十一萬二百。蒲驃在今保山蒲縹，其西是怒江渡口。曲蠟應是鎮西路的渠瀾，在今盈江縣。

十七年二月丁丑，詔納速剌丁將精兵萬人征緬國。乙酉，賞納速剌丁所部征金齒功銀五千三百二十兩。二十一年正月丁卯，建都王、烏蒙（今昭通）及金齒一十二處俱降。金齒新附孟愛甸酋長，遣其子來朝，在其地立軍民總管府，在今緬甸撣邦東部。諸王相吾答兒及行省右丞太卜、參知政事也罕的斤分道征緬，於阿昔（今檳榔江）、阿禾（今南底河）兩江造船二百艘，順流攻之，拔江頭城（今緬甸傑沙），令都元帥袁世安戍之。遂遣使招諭緬王，不應。建都太公城（今緬甸太公）乃其巢穴，遂水陸並進，攻太公城，拔之，

故至是皆降。二十三年二月甲辰，以雪雪的斤為緬中行省左丞相，阿臺董阿參知政事，兀的迷失簽行中書省事。二十七年七月癸丑，罷緬中行尚書省。

今瀾滄縣雅口鄉下猛況寨的瀾滄江整控渡口，有至元十九年的摩崖石刻，記載總兵官萬戶達石八力、都不花率軍，南征八百媳婦國。

二十二年七月乙未，雲南行省言：「今年未暇征緬，請收穫秋禾，先伐羅北甸等部。」從之。羅必甸即上文的蘿蔔甸，在今元江縣。二十五年才平定，從威遠割羅盤、馬籠、步日、思麼、羅丑、羅陀、步騰、步竭、臺威、臺陽、設棲、你陀十二部，立元江路。

二十四年七月庚戌，雲南行省愛魯言，金齒酋打奔等兄弟求內附，且乞入覲。二十七年七月丙寅，雲南閣力白衣甸酋長凡十一甸內附。閣力應即車裏，即今景洪。三十一年四月己酉，以金齒歸附官阿魯為孟定路（今耿馬縣孟定）總管，佩虎符。

二十七年己未，改雲南蒙憐甸為蒙憐路軍民總管府，蒙萊甸為蒙萊路，在今緬甸克欽邦南部。

二十九年，雲南省言：「新附金齒，適當忙兀禿兒迷失出征軍馬之衝，資其芻糧，擬立為木來路。」中書省奏置散府，以布伯為達魯花赤，用其土人馬，列知府事。木來路，在今。三十年，因為金齒木朵甸戶口增加，立木朵路總管府，在今緬甸撣邦東部。

成宗元貞二年（1296 年）甲申，雲南省臣也先不花征乞藍，拔瓦農、開陽兩寨，其黨答剌率諸蠻來降，乞藍悉平，以其地為雲遠路軍民總管府，在今緬甸克欽邦西南。

元貞三年（1297 年）十二月戊戌，立徹里軍民總管府。雲南行省言：「大徹里地與八百媳婦犬牙相錯，今大徹里胡念已降，小徹里復占扼地利，多相殺掠。胡念遣其弟胡倫乞別置一司，擇通習蠻夷情狀者為之帥，招其來附，以為進取之地。」詔復立蒙樣剛等甸軍民官。

大德元年八月甲子，八百媳婦叛，寇徹里，遣也先不花將兵討之。四年十二月遣劉深、合剌帶、鄭祐將兵二萬人征八百媳婦。五年四月，調雲南軍征八百媳婦。五月丙寅，詔雲南行省自願征八百媳婦者二千人，人給貝子六十索。七月癸丑，命雲南省分蒙古射士，征八百媳婦。八月甲戌，遣薛超兀而等將兵征金齒諸國，時征緬師還，為金齒所遮，士多戰死。又接連八百媳婦諸蠻，相效不輸稅賦，賊殺官吏，故皆征之。六年二月丙戌，遣陝西省平

章也速帶而、參政汪惟勤將川陝軍，湖廣平章劉國傑將湖廣軍，征亦乞不薛，
一切軍務，並聽也速帶而、劉國傑節制。罷征八百媳婦右丞劉深等官，收其
符印、驛券。

武宗至大二年（1309 年）十一月庚辰，雲南行省言：「八百媳婦、大徹
里、小徹里作亂，威遠州谷保奪據木羅甸（今鎮沅北部），詔遣本省右丞算
只兒威往招諭之，仍令威楚道軍千五百人護送入境。而算只兒威受谷保賂金
銀各三錠，復進兵攻劫，谷保弓弩亂發，遂以敗還。匪惟敗事，反傷我人，
惟陛下裁度。」帝曰：「大事也，其速擇使復齎璽書往招諭，算只兒威雖遇
赦，可嚴鞫之。」

至大三年（1310 年）十一月戊子，尚書省臣言：「雲南省臨安、大理等處
宣慰司、麗江宣撫司及普定路所隸部曲，連結蠻寇，殺掠良民，諭之不服，
且方調兵討八百媳婦，軍力消耗。今擬蒙古軍人給馬一，漢軍十人給馬二，
計直與之，乞賜鈔三萬錠。」

仁宗皇慶元年（1312 年）八月辛卯，敕雲南省右丞阿忽臺等，領蒙古
軍從雲南王討八百媳婦蠻。延祐六年二月丁酉，雲南閣里愛俄、永昌蒲蠻阿
八剌等並為寇，命雲南省從宜剿捕。蒲蠻在今昌寧、鳳慶、雲縣，是布朗族。
十一月辛卯，木邦路（今緬甸撣邦北部）帶邦為寇，敕雲南省招捕之。

英宗至治三年（1323 年）十一月丁巳，雲南開南州（今景東）大阿哀、
阿三木、臺龍買六千餘人寇哀卜白鹽井（在今大姚）。十二月乙酉，雲南車
裏於孟為寇，詔招諭之。

泰定帝泰定元年（1324 年）五月戊午，雲南蒙化州高蘭神場寨（今南澗）
主照明羅九等寇威楚（治今楚雄）。己卯，雲南大理路你囊為寇。十月，雲
南車里蠻為寇，遣斡耳朵奉詔招諭之。二年四月丙午，樊夷及蔑雁，遮殺雲
南行省所遣諭蠻使者，敕追捕之。五月，五月壬子，車里陶剌孟及大阿哀蠻
兵萬人乘象寇陷朵剌等十四寨，木邦路蠻八廟率樊夷萬人寇陷倒八漢寨，督
邊將嚴備之。六月丁未，開南州阿只弄、哀培蠻兵為寇，命雲南行省督所屬
兵捕之。七月秋七月戊申朔，大、小車里蠻來獻馴象。甲寅，遣使奉詔分諭
猺蠻，鎮康路（今永德）土官你囊、謀黏路（今耿馬）土官賽丘羅出降。木
邦路土官八廟既降復叛。庚午，威楚、大理諸蠻為寇，雲南行省請出師，不
允，遣亦剌馬丹等使大理，普顏實立等使威楚，招諭之。辛卯，雲南白夷（白
族）寇雲龍州。三年正月戊申，元江路總管普雙叛，命雲南行省招捕之。四

年七月戊午，謀黏路土官賽丘羅，招諭八百媳婦蠻招三斤來降。銀沙羅（今滄源）土官散怯遮殺賽丘羅，敕雲南王遣人諭之。十月壬戌，開南州土官阿只弄率蠻兵為寇，雲南行省招捕之。十一月，雲南蒲蠻來附，置順寧府、慶甸縣（今鳳慶縣）、寶通州（今雲縣）。

致和元年（1328 年）三月庚午，雲南安隆寨（今廣西隆林）土官岑世忠與其兄世興相攻，籍其民三萬二千戶來附，歲輸布三千匹，請立宣撫司以總之，不允。置州一，以世興知州事，置縣二，聽世忠舉人用之，仍諭其兄弟共處。

五月己巳，大理怒江甸（今瀘水）土官阿哀你寇樂辰（今蘭坪縣拉古）諸寨，命雲南行省督兵捕之。

文宗天曆二年（1329 年）十月辛卯，雲南行省立元江等處宣慰司（今元江）。至順二年（1331 年）五月己丑，置雲南等處宣慰司都元帥府，以土官昭練為宣慰使都元帥。又置臨安元江等處宣慰司兼管軍萬戶府。孟定路、孟璟路並為軍民總管府，秩從三品。者線、蒙慶甸（今泰國昌盛）、銀沙羅等甸並為軍民府，秩從四品。孟並（今緬甸孟密）、孟廣、者樣等甸並設軍民長官司，秩從五品。庚寅，立雲南省蘆傳路（今瑞麗）軍民總管府，以土官為之，制授者各給金符。癸巳，雲南威楚路之蒲蠻猛吾來朝貢，願入銀為歲賦，詔為置散府一及土官三十三所，皆賜金銀符。

元順帝後至元四年（1338 年）八月，甲申，雲南老告（今老撾）土官八那遣侄那賽齎象馬來朝，為立老告軍民總管府。十二月戊戌，立邦牙（今緬甸邦牙）等處宣慰司都元帥府並總管府。先是，世祖既定緬地，以其處雲南極邊，就立其酋長為帥，令三年一入貢，至是來貢，故立官府。

至正元年（1341 年）十二月壬戌，雲南車裏寒、賽、刀等反，詔雲南行省平章政事脫脫木兒討平之。二年四月己酉，罷雲南蒙慶宣慰司。七年正月庚申，雲南老丫（老撾）等蠻來降，立老丫耿涷路（今江城西南）軍民總管府。

至元二十八年二月，以雲南曲靖路宣撫司所轄地廣，民心未安，改立曲靖等處宣慰司、管軍萬戶府以鎮之。八月己卯罷雲南四州，立東川府。三十一年四月己酉，雲南行省以所定路、府、州、縣來上：上路二，下路十一，下州四十九，中縣一，下縣五十。元貞三年十一月壬辰，罷雲南柏興府（今鹽源）入德昌路（今德昌）。元末雲南行省有 37 路、2 府、3 屬府、54 屬州、47 屬縣，還有很多宣慰司和宣撫司。

　　元朝在雲南開採很多礦產，至元二十七年五月戊午，尚書省遣人行視雲南銀洞，獲銀四千四十八兩。奏立銀場官，秩從七品。二十八年秋七月丙申朔，雲南省參政怯剌言：「建都地多產金，可置冶，令旁近民煉之以輸官。」從之。馬可波羅在他的行紀中，也記載雲南產金很多。

　　很多漢族移民在元代跟隨蒙古人進入雲南，現在大理的至元二十五年（1288 年）的《大理路興舉學校記》碑記載了賽典赤·瞻思丁推廣儒學的歷史。至元二十九年四月辛卯，設雲南諸路學校，其教官以蜀士充。仁宗延祐元年六月戊子，置雲南行省儒學提舉司。

二、明清雲南的漢化

　　明朝在雲南設 22 府（雲南、曲靖、尋甸、廣西、廣南、臨安、澂江、武定、姚安、楚雄、大理、麗江、鶴慶、永寧、永昌、景東、鎮沅、元江、順寧、孟定、蒙化、孟定、孟艮）、4 直隸州（灣甸、鎮康、威遠、北勝）與 32 縣，另有 8 宣慰司、4 宣撫司、5 安撫司，35 長官司。

　　清代改四川的昭通府、東川府屬雲南，降 5 府（尋甸、姚安、永寧、孟定、鎮康）、3 直隸州（灣甸、鎮康、威遠）為屬府州廳，改 5 府（武定、鎮沅、景東、蒙化、元江）為直隸州廳，改騰越州（今騰沖）為直隸廳，新設普洱府，清末有 14 府、6 直隸廳、3 直隸州、12 廳、26 屬州和 41 縣，又有 1 土府、3 土州、18 土司。雲南的西部和南部很多縣，設置時間比較晚。

　　大理國在今元江縣因遠鎮設石柱，作為邊界的標誌，其北是馬籠部，其西是他郎部。元代設馬籠他郎甸司，明代在他郎部設恭順州，弘治八年（1495 年）在馬籠部設新化州，萬曆十九年（1591 年）設新平縣。清代改恭順州為他郎廳，1912 年改為他郎縣，1915 年改名墨江縣。

　　在瀾滄江和怒江之間，元代的順寧府慶甸縣（今鳳慶縣）和寶通州（今雲縣）是土司之地。萬曆二十六年（1598 年）將順寧府改土歸流，改大侯土州為雲州，1913 年改為順寧縣、雲縣。乾隆十二年（1747 年）設緬寧廳，1913 年改為緬寧縣，1954 年改緬寧縣為臨滄縣，改順寧縣為鳳慶縣。1919 年順寧縣分設右甸分縣，〔註30〕1933 年改為昌寧縣。

　　萬曆十三年（1585 年），因罕悶坎幫助鄧子龍征緬，明朝在孟定府的西

〔註30〕右甸不是源自右側，而是源自鳳慶縣的猛祐，譚其驤主編《中國歷史地圖集》
　　　　第六冊第 75 頁的孟祐在今雲縣，不確。

部，為罕氏設耿馬安撫司，順治十七年（1660年）升為耿馬宣撫司。光緒十四年（1888年）在孟連司的北部設鎮邊撫夷廳，1913年改為鎮邊縣，1915年改名瀾滄縣，1937年從瀾滄縣分設滄源設治局（1952年改滄源縣），1954年分設孟連縣，1956年分設西盟縣。1910年鎮康州改為永康州，1913年改為鎮康縣。1912年廢孟定府，歸鎮康縣，1952年改歸耿馬縣。1942年分設耿馬設治局（1952年改耿馬縣），1964年分設永德縣。

在瀾滄江流域南部，元代是元江宣慰司的車裏府和諸多羈縻路府州，明代是車裏宣慰司。雍正七年（1729年）新設普洱府，十三年（1735年）設寧洱縣和思茅廳。1927年設車裏、佛海、五福（南嶠）、象明、普文、蘆山（六順）、鎮越，共七縣。1950年，西雙版納傣族自治區改四縣為十二版納。1959年，十二版納改為景洪縣、猛海縣、猛臘縣。1912年威遠廳改為威遠縣，1914年改名景谷縣。1929年在原鈕兀司，設江城縣。

在怒江以西，元朝在猛卯弄（麓川國）設平緬宣慰司，明英宗正統六年（1441年）到十三年，三征麓川，在東北部新設芒市司、隴川司、遮放司。乾隆三十五年（1770年）設龍陵廳，1912年改為龍陵縣。1932年在猛卯司，設瑞麗設治局，1952年改為瑞麗縣。1934年在芒市司，設潞西設治局，1950年改為潞西縣，1996年改為潞西市，2010年潞西市改名芒市。1953年設德宏泰族僳頗族自治區，1956年改為德宏傣族景頗族自治州，駐芒市。1935年在南甸司，設梁河設治局，1950年改為梁河縣。1932年在盞達司、干崖司，設盈江、蓮山設治局，1951年改為盈江縣、蓮山縣，1958年合併為盈江縣。1932年在隴川司，設隴川設治局，1952年改為隴川縣。

在雲南的東南部，明代是臨安府的八寨司、教化三部司、王弄山司、安南司，康熙六年（1667年）在教化司設開化府，雍正八年（1730年）設附郭的文山縣。嘉慶二十五年（1820年）在其南部，設安平廳，1913年改為安平縣，1914年改名馬關縣。道光三年（1823年）在其東北部，設江那縣丞，1912年改為縣佐，1932年改為設治局，1935年改為硯山縣。1920年在其東南部，設西疇縣，1949年分設馬列縣，1950年改為麻栗坡市，1955年改為麻栗坡縣。雍正九年（1831年）設師宗州同，駐在丘北，道光二十年（1840年）改為丘北縣。

在元江南部，1917年設金河、猛丁行政區，1932年改為金河、平河設治局，1934年改為金平縣。1950年設新民縣，1951年改名元陽縣。1951年設紅河縣，1958年設綠春縣。

明初大量江淮的士兵和流放的犯人來到雲南，洪武年間入滇士兵有二三十萬，有學者估計此時入滇的漢人有七十萬。〔註31〕謝肇淛《五雜組》卷四：「滇中沃野千里，地富物饒，高皇帝既定昆明，盡徙江左諸民以實之，故其地衣冠文物、風俗語言，皆與金陵無別。若非黔築隔絕，苗蠻梗道，誠可以卜居避亂。」雲南的漢文化非常接近江淮，貴州的漢人不絕如線，道路難行。

保山雖然在瀾滄江之西，但是風俗宛如南京，明代施武的《滇中竹枝詞·永昌詞》：「流人不學花蠻語，城郭風煙半建康。」自序：「國初流配多吳人，故語言風俗宛似南都，為滇之首郡。」清代博明的《永昌竹枝詞》：「短裙長釵玉為簪，小立街頭近屋簷。莫訝儂言多婉轉，故鄉曾說是江南。」〔註32〕非常有趣的是，今天的保山還有永昌板鴨和甜大蒜，類似南京板鴨和江淮糖大蒜。雲南各地的食品大救駕，安徽也有大救駕。

江西人對明清雲南、貴州漢化的作用最大，江西移民主要是撫州人和南昌人，明代王士性《廣志繹》卷四：「余備兵瀾滄，視雲南全省，撫人居什之五六，初猶以為商販，止城市也。既而察之土府、土州，凡爨玀不能自致於有司者，鄉村間徵輸里役，無非撫人為之矣，然猶以為內地也。及遣人撫緬，取其途經酋長姓名回，自永昌以至緬莽，地經萬里，行閱兩月，雖異域怪族，但有一聚落，其酋長頭目無非撫人為之矣！」卷五：「滇雲地曠人稀，非江右商賈，僑居之，則不成其地。」

張泓《滇南新語》說緬甸的寶石礦：「去騰越州三十餘日，惟江右客時裹糧以往。」雲南省西南部的雲縣有江西村，永德縣有江西寨，清代謝聖綸《滇黔志略》說：「滇、黔各處，無論通衢，必有江西人從中開張店鋪，或往來貿易。」有些湖南、江西人到雲南的高山，開設紙廠。

萬曆年間，江西豐城人鄧子龍在騰沖抵禦緬甸軍隊，鄧子龍的軍醫、江西人李仲春留在騰沖行醫，天啟時在騰沖城南建立了清微宮，供奉歷代醫聖，發展為現代的騰沖藥廠，集園林、廟宇、工廠為一體。歷代醫聖都來自漢文化，園林也是漢地建築風格，反映了邊疆地區漢化時，很多漢文化的因素首先集中在一些重要據點。

現代雲南的漢語方言受江淮話、江西話、湖南話、北方話多種方言影響，北方話的影響主要來自明清皇族、官僚和清初進入雲南的南明軍、大西

〔註31〕陸韌：《變遷與交融──明代雲南漢族移民研究》，雲南教育出版社，2001 年。
〔註32〕王利器、王慎之、王子今輯：《歷代竹枝詞》，第 285、1050 頁。

軍、吳三桂軍等。雖然有諸多方言的融合，但是畢竟遠離江淮和北方，而且長期受到周邊西南話的影響，所以總體上仍屬西南官話。今天雲南的大城市方言和小盆地方言有差異，有些小盆地的方言因為歷史上大量江西、湖南人遷入而呈現出接近江西、湖南方言的特點。

明代謝肇淛《滇略》:「永昌以西人家，間有畜蠱者。」說明畜蠱習俗已經退縮到永昌（今保山）以西，明代雲南省的東部漢化程度加深。

丘北縣新寨鄉彌勒村小尖山有一塊康熙十三年（1674 年）摩崖石刻，記載土司昂尚才，因為漢、壯、彝族的仇殺，規定各族不得再生事端，盟誓勒石。〔註33〕反映了明代以來滇東南的漢族勢力急劇增長，使得社會矛盾加劇。正是因為明代的西南持續漢化，晚明的漢化進程還有加速的趨勢，所以南明永曆帝才能在雲貴堅持很長時間。

騰沖藥王宮

〔註33〕雲南省文化廳編著:《中國文物地圖集》云南分冊，圖片第 118 頁、文字第 178 頁。

第十章　越文化對漢文化的影響

　　越人的文化對漢文化產生很大影響，葉國慶指出，福建惠安縣女子結婚仍然住在娘家的風俗和雲南《東川府志》記載的爨人（彝族）、清代《黔南識略》等書記載的苗族及《粵述》記載的壯族風俗相同。漳州龍溪縣葬俗中，死者的兒子用錢投入江中，向龍王買水，這和清代陸次雲《峒谿纖志》記載壯族葬俗買水一模一樣。漳州龍溪縣有巡花樵習俗，如果婦女不生子，巫師會到陰間去看婦女寄託的花樵是否被破壞。壯族也有類似的入花園習俗，如果婦女生子太少，就要請巫師介紹花婆作義母，花婆總管人的成長，巫師會放他的靈魂去生命樹的花園，證明有很多越人融入了福建漢人。〔註1〕

　　李斯穎指出，花婆信仰在布依族、傣族、毛南族、水族、仫佬族和越南岱族之中也有，是百越族群原來共有的信仰。〔註2〕

　　還有學者指出客家人很多習俗源自越族和畲族，比如婦人為市、歌圩、百褶裙、食蛇、食魚生、以檳榔為聘禮、二次葬、雞卜。〔註3〕雞卜在漢武帝時就傳入宮廷，《史記・封禪書》：「是時既滅兩越，越人勇之乃言越人俗鬼，而其祠皆見鬼，數有效。昔東甌王敬鬼，壽百六十歲。後世怠慢，故衰耗。乃令越巫立越祝祠，安臺無壇，亦祠天神上帝百鬼，而以雞卜。上信之，越祠雞卜始用。」浙江富陽人孫權來自浙西北的漢化越地，雖然平定了浙東南

〔註1〕　葉國慶：《滇黔粵的苗瑤壯俗與閩俗之比較》，《筆耕集》，廈門大學出版社，1997 年，第 174～178 頁。
〔註2〕　李斯穎：《侗臺語族群生育女神的信仰與特性》，《僚學研究》第二輯，第 89～98 頁。
〔註3〕　吳永章、謝開容：《越風與客俗關係源流新證》，蔣炳釗主編：《百越文化研究》，第 146～157 頁。

未漢化的越地，但是他也篤信浙東南的越人信仰，我已有論述。〔註4〕

提到花王的布依族歌謠抄本

第一節　端午源自越人祭龍

　　漢族端午節有龍舟，最流行的傳說是源自屈原，《隋書·地理志下》：「屈原以五月望日赴汨羅，土人追到洞庭不見，湖大船小，莫得濟者，乃歌曰：何由得渡湖！因爾鼓棹爭歸，競會亭上，習以相傳，為競渡之戲。其迅楫齊馳，棹歌亂響，喧振水陸，觀者如雲，諸郡率然，而南郡、襄陽尤甚。二郡又有牽鉤之戲，雲從講武所出，楚將伐吳，以為教戰，流遷不改，習以相傳。鉤初發動，皆有鼓節，群噪歌謠，振驚遠近，俗云以此厭勝，用致豐穰。其事亦傳於他郡。梁簡文之臨雍部，發教禁之，由是頗息。」牽鉤即今拔河，這种競技不知是否和端午競渡有關。《隋書·地理志下》揚州風俗京口（今鎮江）：「俗以五月五日為鬥力之戲，各料強弱相敵，事類講武。」不知端午節

〔註4〕周運中：《道士開闢海上絲綢之路》，第246～249頁。

原本有競技因素，還是後來發展出競技活動。

唐代人說楚人祭祀龍舟如同祭祖一樣隆重，元稹《競舟》詩云：「楚俗不愛力，費力為競舟。買舟俟一競，競斂貧者賦。年年四五月，繭實麥小秋。積水堰堤壞，拔秧蒲稗稠。此時集丁壯，習競南畝頭。朝飲村社酒，暮椎鄰舍牛。祭船如祭祖，習競如習讎。連延數十日，作業不復憂。」競技如同仇殺，明顯帶有狂歡節的色彩。

南宋朱輔《溪蠻叢笑》：「蠻鄉最重重午，不論生熟界，出觀競渡，三日而歸，既望復出，謂之大十五。船分五色，皂船之神尤惡。去來必有風雨。一月前，眾船下水，飲食男女，不敢共處。吊屈原，正楚俗也……競渡，預以四月八日下船，俗聚飲江岸，舟子各招他客，盛列飲饌，以相誇大，或獨酌，食前方丈，群蠻環觀如雲，一年盛事，名富貴坊。」湘西土著風俗最推崇端午節（重午），證明端午節源自南方土著。四月初八就是開始宴會，五月初五競渡三天結束，到五月十五又出來，確實是連續一個多月。唐代元稹在荊州還能看到這種風俗，宋代江漢平原漢化，這種風俗保存在湘西土著之中。

因為端午節是楚人土著風俗，所以梁簡文帝下令禁止，害怕楚人在競技中形成地方勢力。北宋初年，也限制楚地的競渡規模，《太平寰宇記》卷一四六荊州風俗：「然五月五日競渡戲船，楚風最尚，廢業耗民，莫甚於此。皇朝有國以來，已革其弊。」

楚地的端午競渡之歌，不僅有高亢之音，也有淒厲之音，《太平寰宇記》卷一四五襄州（今襄樊）風俗引《襄陽風俗記》：「屈原五月五日投汨羅江，其妻每投食於水以祭之。原通夢告妻，所祭食皆為蛟龍所奪，龍畏五色絲及竹，故妻以竹為粽，以五色絲纏之。今俗，其日皆帶五色絲，食粽，言免蛟龍之患。又原五日先沈，十日而出，楚人於水次迅檝爭馳，櫂歌亂響，有淒斷之聲，意存拯溺，喧震川陸。風俗遷流，遂有競渡之戲。」

但是端午節的由來也有不同傳說，宋代高承《事物紀原》：「競渡之事起於越王句踐。」陳元靚《歲時廣記》：「競渡起於越王句踐，蓋斷髮文身之術、習水好戰也。」如果是上古起源，則不是源自屈原。李約瑟認為龍舟源自東南亞的南島民族文化。〔註5〕其實上古東南亞和中國東南的越文化是一體，端午節本來就起源於中國南方，所以漢族的龍舟無疑來自南方的越人。唐代張

〔註5〕〔英〕李約瑟著、汪受琪等譯：《中國科學技術史》第四卷第三分冊《土木工程與航海技術》，科學出版社，2008年，第481頁。

說在湖南寫的《岳州觀競渡》詩云：「畫作飛鳧艇，雙雙競拂流。」如果飛鳧艇是指船的外貌模仿鳥形，則龍舟原來未必都是龍的樣子。

蛟龍奪取屈原祭品的傳說證明端午節最初是祭龍，屈原故事是很晚才被附會到端午節習俗之中。蕭梁吳均《續齊諧記》說：「屈原五月五日投汨羅水，楚人哀之，至此日，以竹筒貯米，投水以祭之。漢建武中，長沙區曲，忽見一士人，自云三閭大夫，謂曲曰，聞君常見祭，甚善，常年為蛟龍所竊，今若有惠，當以楝葉塞其上，以彩絲纏之。此二物，蛟龍所憚。曲依之，今五月五日作粽，並帶楝葉、五色絲，遺風也。」

這個故事非常有趣，區姓源自甌人，我在上文已經說過古代湖南有很多越人，說明端午節源自越人。端午節用粽子投水本來是為驅逐蛟龍，端午節的雄黃酒和纏彩帶，都源自驅蛇。手上纏彩帶是模擬原有的紋身習俗，越人在身上紋蛇也是為了驅蛇。因為屈原是三閭大夫，而蛇、蜥的一些別名的讀音非常接近三閭，西漢揚雄《方言》卷八說：「守宮，秦、晉、西夏謂之守宮，或謂之蠦蟜，或謂之蜥易。其在澤中者謂之易蜴。南楚謂之蛇醫，或謂之蠑螈。東齊、海岱謂之蝘蜓。」守宮是守閭之誤，蠦蟜是塵蠦之誤，守閭、蝘蜓、蠦蟜讀音非常接近三閭。不僅蜥蜴如此，蛇的讀音也是如此，蛇的荷蘭語是 slang，柯爾克孜語是 cilan，也非常接近漢語的蛇。

龍王是沿海多數地方的傳統水神，媽祖是很晚才興起的新生海神。廣東汕頭老街的天后宮西側有一個小廟，名為龍尾聖廟，門口的香爐上寫有龍尾爺，供奉的龍尾爺在別的地方媽祖廟很難看到。這個很小的龍尾廟應該是本地原有海神廟，媽祖信仰傳入，才取代其地位，在其旁新建了更大的媽祖廟。這個媽祖廟可能原來也很小，但是媽祖廟在福建商人和移民的資助下持續增大，才比現在的龍尾廟大很多。類似的情況在很多媽祖廟都很看到，原來的神廟或神像變成媽祖廟的附屬物，前人指出福建連江縣馬祖島芹壁村的媽祖廟後面有一個青蛙神像，可能是原來的土著信仰，媽祖信仰傳入才取代其地位。〔註6〕

〔註6〕 吳春明：《東南漢民人文的百越文化基礎》，《從百越土著到南島海洋文化》，第 363 頁。

汕頭天后宮與其西側的龍尾廟

　　江西萍鄉端午節：「午飯後，賽船之人，咸集龍王廟，焚香燃燭，祭禱龍王後，披紅巾於龍王首上，然後將龍首、龍尾迎下小舟，龍首置於船鷁，龍尾置於船末。」〔註7〕現在廣東的龍舟，還在龍頭掛紅巾。

　　清代《苗疆聞見錄》記載苗族：「好鬥龍舟，歲以五月二十日為端節，競渡於清江寬深之處。其舟以大整木刳成，長五六丈，前安龍頭，後置鳳尾，中能容二三十人。短橈擊水，行走如飛。」清江是清水江，臺江縣施洞鎮的苗族現在每年農曆五月二十四到二十七日有盛大的龍舟競渡。

貴州臺江縣施洞苗族龍舟模型

<hr />

〔註7〕　胡樸安編：《中華全國風俗志》下編，第 296 頁。

番禺石樓鎮大嶺村的龍舟

泰國龍舟模型

澳門海事博物館的龍舟

　　廣東省博物館的兩艘龍舟，一艘長達41米，用加里曼丹島（婆羅洲）的坤甸木製成船身，頭尾用樟木，能坐80個橈手。兩艘船上有旗幟、傘蓋、鑼鼓、神龕，另一艘是廣州獵德村龍舟，船身畫有蛇紋、蓮花、荔枝、龍眼、楊桃，被稱為花龍。屈大均《廣東新語》卷十八《舟語》，有對番禺、順德、海南龍舟的詳細描寫。講番禺大洲的神梁太保是跟隨南宋末帝從海上南遷的

將作大匠，在大洲建造宮殿不成。大洲龍舟：「船長十餘丈，廣僅八尺，龍首尾刻畫奮迅如生。蕩槳兒列坐兩旁，皆錫盔朱甲，中施錦幔。上建五丈檣五，檣上有臺閣二重，中有五輪閣一重，下有平臺一重。每重有雜劇五十餘種，童子凡八十餘人。所扮者菩薩、天仙、大將軍、文人、女伎之屬，所服者冠裳、介冑、羽衣、衲帔、巾幗、襁褓之屬，所執者刀槊、麾蓋、旌旗、書策、佩帨之屬。」

廣東省博物館的兩艘龍舟

兩艘龍舟的中部

海南的競渡風俗不同，屈大均講：「瓊人重龍船。四月八日，雕木為龍置於廟，唱龍歌迎之，而投白雞水中以洗龍。五月之朔至四日，乃以次迎龍。主人先為龍歌，包以繡帕置龍前，其歌辭不可見，止歌末一字可見。諸客度韻湊歌，能中帕中歌字多者，得酬物多。其諺曰：未鬥龍船，先鬥龍歌。欲求錢帛，中字須多。」海南用白雞祭龍，又有對歌，應是越人風俗。

傣族的龍舟，龍頭有很長的牙，類似象牙，向上彎曲。龍尾還有孔雀羽毛，色彩絢麗。

早期粽子裝在竹筒中，上引《襄陽風俗記》、《續齊諧記》講到以竹筒裝米為粽，宗的讀音接近筒，粽很可能是源自竹筒。唐代江南仍然如此，白居易《和夢得夏至憶蘇州呈盧賓客》詩云：「憶在蘇州日，常諳夏至筵。粽香筒竹嫩，炙脆子鵝鮮。」

現在廣西有的粽子非常大，不是尖角形，而是長方型，保留了越人早期的多種粽子形態。因為粽子源自南方，所以南方的粽子形態多樣。

南方還有食烏飯和青團的習俗，也是用諸多種類的樹葉、草葉包飯或把植物的汁液混在飯中，做成類似粽子的飯團，都是源自越人習俗。《太平寰宇記》卷一百十四潭州（今長沙）風俗：「茶，長沙之石楠，其樹如棠梨，謂之茶。湘人以四月，摘楊、桐葉，搗其汁，伴米而蒸，猶蒸糜之類，必啜此茶，乃其風也，尤宜暑月飲之。」現在這種風俗的北界似乎在江蘇省的長江以南，但是古代長江以北很可能也有這種風俗，淮揚春天有一種食品稱為冷冷，是用綠色的小麥粉團製成，類似江南的青團，或許就是青團的變體。

<table>
<tr><td style="text-align:center">重慶黔江的粽子</td><td style="text-align:center">廣西南寧的多種粽子</td></tr>
<tr><td></td><td></td></tr>
</table>

南寧的青團

浙江的青團

第二節　越文化對楚辭的影響

　　現在我們看到的《楚辭》不僅包括屈原的詩歌，還有戰國末年楚人和漢代人的仿作。屈原流放在今湖南省的西北部，《涉江》：「乘舲船余上沅兮……朝發枉渚兮夕宿辰陽……入溆浦余僊徊兮。」《太平寰宇記》卷一百一十六道州風俗：「俗尚韶歌，因舜二妃泣望瀟湘，風俗號曰湘夫人，又云湘君，遂作此辭，其來久矣。」九歌之中的《湘君》、《湘夫人》很可能來自湖南土著族群的歌曲，被屈原記錄和改造，類似上古貴族采風編成《國風》。壯語的山歌稱為 fwen，讀音非常類似漢語的風，或許是同源字。

　　我認為《九歌》深受湖南越文化的影響，稱太陽神為東君不是漢族傳統，現在壯語的太陽是 daeng ngoenz，非常接近東君的上古音，所以東君很可能源自壯語。

　　更奇怪的是東皇太一，我認為這是典型的越語，太一是水神，傳世本《老子》第 25 章：「有物混成，先天地生，寂兮寥兮，獨立而不改，周行而不殆，可以為天地母。吾不知其名，強字之曰道，強為之名曰大。大曰逝，逝曰遠，遠曰反。故道大，天大，地大，人亦大。域中有四大，而人居其一焉。人法地，地法天，天法道，道法自然。」這個大就是太一，因為《呂氏春秋·大樂》說：「道也者，至精也，不可為形，不可為名，強為之名，謂之太一。」湖北沙洋縣郭店村楚墓出土竹書《太一生水》有更詳細的論述：「太一生水，水反輔太一，是以成天。天反輔太一，是以成地。天地復相輔也，是以成神明。」

太一就是大海，《史記‧封禪書》說東南越地的巫師勇之，建議漢武帝建造建章宮時：「其北治大池，漸臺高二十餘丈，命曰太液池，中有蓬萊、方丈、瀛洲、壺梁，象海中神山龜魚之屬。其南有玉堂、璧門、大鳥之屬。乃立神明臺、井干樓，度五十丈，輦道相屬焉。」太液就是大海，所以中間有三神山，壺梁就是高涼（高梁），上文說過是疍民。井干樓就是越人的干欄建築，中原人看起來像井欄。

人類有大海的不少古老的世界通語，其中一組就是太一，波斯語是 darya，蒙古語是 dalaj（達來），希臘語是 thalassa，北美的納瓦霍語是 tónteel，阿爾巴尼亞語是 dat，荷蘭語是 zee，英語是 sea，泰語是 tálee，毛利語是 tai，菲律賓的棉蘭老語（Melanau）是 daat，巴瑤語（Bajau）是 delaut，馬來語是 laut，最接近太一的是南島語，棉蘭老語和巴瑤語的結尾都是 t，上古音的一是 iet，所以太一最有可能來自越語。

東皇和東方、皇帝無關，我認為是大，我已指出苗語的老虎是 tsov，源自大，老虎即大蟲。《孟子‧離婁》說楚國的史書叫《檮杌》，源自南方語言。扶南國都特牧城即大城，高棉語的 tʰom 就是大，蒙古語的大竟然也是 tom，說明這是一個古老的世界同源字。高棉語是南亞語系語言，南亞語系族群和苗瑤族群都是 Y 染色體 O2 型，是同源民族。《禹貢‧雍州》惇物山即大山，敦煌很可能也是大，東皇即敦煌的異譯，所以東皇太一即大海。《九歌》首篇就是祭祀大海，源自越人的文化。第二篇《雲中君》又是雲雨神，也是越人崇拜的神，令人想到雷神和雷州。

周去非《嶺外代答》卷十《踏搖》記載瑤族：「每歲十月旦，舉峒祭都貝大王。」我認為都貝也是源自大 tom，b 和 m 都是唇音，讀音接近。

唐代樊綽《蠻書》卷四桃花人，應即宋代的特磨道，也即儂智高的家鄉倘猶，讀音接近，特磨即特牧的同源字，在今雲南廣南。儂智高的母親曾經改嫁特磨道儂夏卿，儂智高失敗也逃往特磨道。

亳（今安徽亳州）人謬忌向漢武帝上奏祭祀太一的方術，稱太一是最高天神，祭祀太一、澤山君地長用牛，武夷君用乾魚，從魚來看，其實已經暗示太一也是水神。1960 年湖北省荊門縣漳河車橋戰國墓出土的戈上有四個字，或釋為兵避太歲，或釋為大武避兵。〔註 8〕太歲頭上有四角，左手持蜥

〔註 8〕 俞偉超、李家浩：《論兵避太歲戈》，《出土文獻研究》，文物出版社，1985 年，第 138～145 頁。李零：《湖北荊門兵避太歲戈》，《文物天地》1992 年第 3 期。李學勤：《古越閣所藏青銅兵器選粹》，《文物》1993 年第 4 期。

蜥，右手持魚，耳上穿蛇，腳下有日月。1973年馬王堆3號漢墓出土的帛畫，中間有神，名為太一，左右有雷公、雨師。現在看來，楚地的太歲（太一）神形象，很可能源自越地。《史記‧封禪書》：「為伐南越，告禱太一。以牡荊畫幡日月北斗登龍，以象太一三星，為太一鋒，命曰靈旗。為兵禱，則太史奉以指所伐國。」太一和蜥蜴、蛇、魚、龍有關，又演變為戰神。

兵避太歲戈　　　　　馬王堆出土《避兵圖》

　　第三篇、第四篇是《湘君》、《湘夫人》，傳說湘君是舜。湖南原有象王國，商代晚期到西周早期有一種很大的銅鐃，在江蘇、浙江、福建、江西、廣西都有發現，湖南寧鄉溈水流域最多。象和湘同音，湘江很可能源自象。漢語象的讀音，源自百越語，比如壯族的象是 zang，很多侗臺語的大象讀音都接近漢語象的上古音 sang。

　　舜姓姚，但是又有姓溈之說，溈水的名字就源自馴象，甲骨文的為字就是手牽大象的形狀，所以舜的溈姓源自象。《呂氏春秋》卷五《古樂》：「商人服象，為虐於東夷，周公遂以師逐之，至於江南。」《楚辭‧天問》：「舜服厥弟，終然為害。」《論衡‧書虛》：「舜葬蒼梧下，象為之耕。」《孟子‧萬章上》說舜封象於有庳，其實是有鼻，《水經注》卷三八《湘水》：「應水又東南流，逕有鼻墟南。王隱曰：應陽縣本泉陵之北部，東五里有鼻墟，言象所封也。山下有象廟，言甚有靈，能興雲雨。余所聞也，聖人之神曰靈，賢人之精氣為鬼，象生不惠，死靈何奇乎？」應陽縣在今東安縣，酈道元認

為象是壞人，不應有靈驗。其實舜服象是北方漢人的觀點，象本來是南方越人崇拜的神獸。《水經注·湘水》又說溈水口之北有上下鼻水（鼻浦），《溧水》又說溧水（今滇水）有支流漣水，又有支流邪階水，水旁有鼻天子城。我認為邪階水顯然源自《湘水》是邪姜山，出承水（今蒸水），經重安縣（今衡陽），有舜廟，其北有湘水的支流漣水。因為地名南遷到今韶關，所以韶州的名字傳說也源自舜的韶樂。《湘君》、《湘夫人》說到駕飛龍出征，在水中築屋，蓋上荷葉，蓀、椒、桂、蘭、辛夷、芙蓉、薜荔、杜衡、白草等都是南方草木。

古代湖南有漁父吟，可能是屈原作詩取材的源泉，《太平寰宇記》卷一一四潭州（今長沙）風俗引《湘中記》：「其城有舜之遺風，人多純樸，士少宦情，今故老猶彈五弦琴，號為漁父吟。」

第五篇《大司命》：「折疏麻兮瑤華。」王逸注：「疏麻，神麻也。」這就是雅利安人崇拜的不死之藥 soma，也即《水經注》記載的解毒神藥升麻，漢代的收靡縣（今雲南尋甸縣）的縣名源自升麻。葛洪《神仙傳》卷十說侯官縣人董奉令中毒死亡的交州刺史復活，《太平寰宇記》卷一六六橫州寧浦縣：「蘇摩嶠，董奉死後，人見於此。」蘇摩正是疏麻（升麻），指董奉起死回生。第七篇《山鬼》，其實是南方人敬畏的猿猴，下文第四節再詳證。

商代象紋鐃

第三節　北方男人和疍民獺女的戀情

分子人類學檢測發現，今天福建、雲南人的父系血統主要來自北方，而母系血統以男方土著為主，說明歷史上福建、雲南有很多北方男人和南方女人結婚，這在南方很多省份都發生，但是在有些地方更為突出。

一、螺女、獺女、鷺女是疍女

南朝人託名東晉陶潛寫的《搜神後記》卷五《白水素女》記載，晉安帝時候官（今福州）人謝瑞，得到一個大螺，大螺變成少女每天為他做飯，自稱是天漢中的白水素女，一天忽然消失。謝瑞為他立祠，即素女祠。鄉人以女妻之，謝瑞做到令長。

我早已指出，白水素女就是白水郎（疍民）的女子，因為謝瑞是從北方來的漢人，漢人不太接受漢人男子和疍民女子暗通款曲，所以謝瑞謊稱是一個大螺為他做飯。

其實類似的故事還有獺女，東晉干寶《搜神記》卷十八《蒼獺》：「吳郡無錫有上湖大陂，陂吏丁初天，每大雨，輒循堤防。春盛雨，初出行塘，日暮回顧，有一婦人，上下青衣，戴青傘，追後呼：初掾待我。初時悵然，意欲留俟之。復疑本不見此，今忽有婦人，冒陰雨行，恐必鬼物。初便疾走。顧視婦人，追之亦急。初因急行，走之轉遠；顧視婦人，乃自投陂中，泛然作聲，衣蓋飛散。視之，是大蒼獺，衣傘皆荷葉也。此獺化為人形，數媚年少者也。」無錫的獺女暗指疍民女子，因為屈大均《廣東新語》卷十八《蛋家艇》：「蛋婦女皆嗜生魚，能泅汋，昔時稱為龍戶者，以其入水輒繡面文身，以象蛟龍之子，行水中三四十里，不遭物害。今止名曰獺家。女為獺而男為龍，以其皆非人類也。」疍民在水上活動，類似水獺，所以女子被稱為獺女。

南朝劉敬叔《異苑》卷八《獺化》：「河東常醜奴將一小兒湖邊拔蒲，暮恒宿空田舍中。時日向暝，見一少女子姿容極美，乘小船載蓴，徑前投醜奴舍寄住，因臥，覺有臊氣，女已知人意，便求出戶外，變為獺。」這個故事在劉義慶《幽明錄》中是：「河東常醜奴寓居章安縣，以採蒲為業。將一小兒，湖邊拔蒲，暮，恒宿空田舍中。時日向暝，見一女子，容姿殊美，乘小船，載蓴徑前，投醜奴舍寄住。醜奴嘲之，滅火共臥，覺有腥氣，又指甚短，惕然疑是魅。女已知人意，便求出戶，變而為獺。」河東郡（在今山西）人常醜奴，在臨海郡章安縣（今台州）遇到獺女，章安在海邊，獺女顯然是指疍

民女子，這又是一個北方男人和疍民女子的故事。常醜奴的名字顯示他在漢族中的地位不高，這樣的人最容易和外族女子結合。

另有鼉婦，《搜神記》卷十九：「滎陽人張福船行，還野水邊，夜有一女子，容色甚美，自乘小船來投福，云：日暮，畏虎，不敢夜行。福曰：汝何姓？作此輕行。無笠，雨驟，可入船就避雨。因共相調，遂入就福船寢。以所乘小舟，繫福船邊，三更許，雨晴，月照，福視婦人，乃是一大鼉枕臂而臥福驚起，欲執之，遽走入水。向小舟是一枯槎段，長丈餘。」滎陽，又有作鄱陽。如果是滎陽，則張福是北方人，鼉婦很可能暗指南方的疍民女子。

白水素女在一些故事中變成素衣女子，《搜神後記》卷九：「錢塘人姓杜，船行時大雪日暮，有女子素衣來岸上。杜曰：何不入船？遂相調戲。杜合船載之。後成白鷺，飛去。杜惡之，便病死。」《異苑》卷八：「晉懷帝永嘉中，徐奭出行田，見一女子姿色鮮白，就奭言調，女因吟曰：疇昔聆好音，日月心延佇。如何遇良人，中懷邈無緒。奭情既諧，欣然延至一屋。女施設飲食而多魚，遂經日不返。兄弟追覓至湖邊，見與女相對坐，兄以藤杖擊女，即化成白鶴，翩然高飛，奭恍惚年餘乃差。」古代越人的銅鼓上經常出現白鷺，說明白鷺很早就是越人重視的神鳥。

永嘉南渡，大量北方單身男子來到南方，接觸到南方的疍民女子，產生戀情，為怕族人非議，就借用各種水生動物來指代疍民女子。

二、北方人對南方歌山的新奇體驗

六朝來到南方的北方漢人，接觸到的另一個新奇的景象是南方的山上常有歌聲，因此稱為歌山。南方的土著民族喜歡唱歌，南方多山，地廣人稀，因此行人經常聽到歌聲但是看不到人影。劉宋鄭緝之《東陽記》說：「歌山在吳寧縣，昔有人乘船從下過，見一女波間浴，乃登此山，負水行歌，姿態甚妍，而莫知所由，故名為歌山也。」〔註9〕東陽郡是今浙江金華，吳寧縣在今東陽，已經離開江南平原，進入金衢盆地，越人更多。《隋書‧地理志下》揚州風俗豫章郡（今南昌）：「俗少爭訟，而尚歌舞。」

嶺南也有歌山，《太平寰宇記》卷一六一賀州桂嶺縣：「歌山，馮乘有老人，少不婚娶，善於謳歌，聞者流涕，及病將死，鄰人送到此，老人歌以送之，餘聲滿谷，數日不絕。」此條出自盛弘之《荊州記》：「臨賀馮乘縣有歌

〔註9〕《北堂書鈔》卷一○六歌、《藝文類聚》卷四三歌、《太平御覽》卷五七二歌。

父山，傳云，有老人不娶室，而善歌，聞者莫不灑泣。年八十餘，而聲愈妙，及病將困，命鄉里六七人與上山穴中。鄰人辭歸，老人歌而送之，聲振林木，響遏行雲，餘音傳林，數日不絕。」〔註10〕

馮乘縣在今湖南江華縣西南，其南是賀州。這個善於謳歌的老人很可能是原住民巫師，所以一生未娶。他所唱的很可能是失傳的祭祀歌謠，因為原住民漢化，無人繼承，所以他死之前的歌唱非常動人，留下了歌山之名。

劉宋盛弘之《荊州記》：「始興機山，東有兩岩相向，如鴟尾，石室數十所，經過時聞有金石絲竹之聲。」〔註11〕始興在今廣東韶關，南朝《南康記》說君山：「上有玉臺，方廣數十丈，上有自然石室，如屋形。風雨之後，景氣明朗，頗聞山上鼓吹之聲。」〔註12〕南康郡在今江西贛州，其南是廣東。

北方大平原上人滿為患，看不到半空人語的景象，《潯陽記》說：「石井山，曾有行人見山上有採紫草者，此人謂村人揭鋪而往見，山上人便去，聞有呼昌容者，曰人來取爾草，既至，山頂寂寞無所見。」〔註13〕潯陽在今江西九江，這種只聞其聲、不見其人的情景在南方山間很常見，但是給北方人留下了深刻的印象，所以為地志記載。

歌山又名響山，《太平寰宇記》卷九四湖州武康縣（今浙江德清）引《吳興志》說：「有人經響山，語無多少，響則隨聲曲折應之，洪纖一無所失。」這是常見的回聲，盛弘之《荊州記》說：「桂陽萬歲山，出靈壽草，仙方服之不死。又有話石山，石有聲，如人共話。」這恐怕也是回聲，桂陽郡在今湖南郴州，有岩溶地貌。

南方還有楚歌，《太平寰宇記》卷一四三均州風俗：「尤好楚歌。」均州因為地方偏僻，所以保留的楚歌風俗比較完整。楚地的輓歌非常長，可能對屈原的詩歌產生了影響，《隋書・地理志下》荊州葬俗：「始死，置屍館舍，鄰里少年，各持弓箭，繞屍而歌，以箭扣弓為節。其歌詞說平生樂事，以到終卒，大抵亦猶今之輓歌。歌數十闋，乃衣衾棺斂，送往山林，別為廬舍，安置棺柩。亦有於村側瘞之，待二三十喪，總葬石窟。」

三峽的竹枝詞最早是竹枝歌，《太平寰宇記》卷一四九萬州風俗：「正月七日，鄉市士女渡江南，娥眉磧上作雞子卜，擊小鼓，唱竹枝歌。二月二日，

〔註10〕《太平御覽》卷五七二歌、《北堂書鈔》卷一五八穴。
〔註11〕《藝文類聚》卷六四室、《太平御覽》卷五四岩。
〔註12〕《太平御覽》卷四八君山、《太平寰宇記》卷一〇八零都縣。
〔註13〕《太平御覽》卷九九六紫草。

攜酒饌,鼓樂於郊外,飲宴至暮而回,謂之迎富。」雞卜是典型的越人風俗,劉禹錫最早在三峽仿寫竹枝詞,影響久遠,成為漢族文人的一種重要詩歌,據統計歷史上的竹枝詞。

　　南方土著民族男女喜歡在對唱山歌中戀愛結婚,北方來的漢人通過歌聲也認識到了南方女子,唱歌也可能促進南北民族融合。

第四節　媽祖是疍民

　　明代福州人謝肇淛《五雜組》卷六:「今之巫覡,江南為盛,而江南又閩、廣為甚。閩中富貴之家,婦人女子,其敬信崇奉無異天神,少有疾病即禱賽祈求無虛日。」江南特別是華南人,特別是女人愛好巫術淫祠,源自越人習俗,至今仍然如此。

　　媽祖是莆田湄洲島人,媽祖信仰出自海上,理應與疍民關係密切。清代著名學者、浙江寧波人全祖望,在《天妃廟記》中說:「為此說者,蓋出南方好鬼之人,妄傳其事。鮫人蜑戶,本無知識,輾轉相愚,造為靈跡以實之。」全祖望說媽祖信仰來自疍民,但是未發現媽祖就是疍民。

一、前人論述媽祖與疍民關係

　　鄭振滿引用南宋莆田人林光朝的《艾軒集》,記載林光朝寫給林晉仲的信說湄洲島:「有千家,無一人讀書……隔絕人世。」南宋莆田丁伯桂《錢塘順濟聖妃廟記》說:「神,莆田林氏女,少能言人禍福,歿,廟祀之,號通賢神女,或曰龍女也。」明代人鄺露《赤雅》說:「蛋人神宮,畫蛇以祭,自雲龍種,浮家泛宅。」疍民崇拜龍,所以自稱龍種,媽祖傳說是龍女,暗示她是出自龍種疍民,並非正宗的漢族。〔註14〕

　　郭志超說林光朝沒有把媽祖視為同族,宋代的莆田沿海沒有巡檢司,所謂媽祖為都巡檢之女的說法也不可信,晚近人為了把媽祖說成是九牧林之裔,編造出不同的世系,不同的林氏族譜出現了媽祖為林孚、林緣、林維慤之女三種說法,南宋紹興二十年(1150年)廖鵬飛《聖墩祖廟重建順濟廟記》說把媽祖信仰從湄洲島傳播到興化灣沿海並建廟的是漁者,說明媽祖信眾是疍民,清初周亮工《閩小記》還記載湄洲島的疍民,現代湄洲島的服飾還是

〔註14〕鄭振滿:《媽祖是蜑人之後?》,《華南研究資料中心通訊》第七期,1997年,第61頁。

疍民特色，中老年婦女梳帆船髮髻，紀念媽祖時穿上半截紅色、下半截黑色或藍色的褲子，據說是仿傚媽祖的服飾。〔註15〕

　　石奕龍反對鄭、郭提出的媽祖疍民說，不過他僅是辯論二位提出的證據未必成立，並未提出任何媽祖不是出身於疍民的鐵證。〔註16〕他的辯駁也未必成立，他的辯駁分為六點，先說全祖望沒有提出媽祖為疍民，此點本來無足輕重。其次說興化灣不是湄洲灣，此點也不必提出，因為疍民散佈在江、浙、閩、粵、桂、瓊等省，本來就不是分布在一兩個小海灣。第三點說疍民分布在靠近市鎮水面，此說不能成立，疍民是東南沿海的原住民。第四點說宋代湄洲島上都是漢族漁民，沒有疍民，此點更是不能成立，作者僅僅根據島上有農田就說居民都是漢族，過於武斷，歷史上的疍民在不斷漢化，漢族本來就是一個變化的概念，宋代有早已漢化的南方人遷居湄洲島，所以島上當然有農田，但是不能否定湄洲島也有疍民。第五點說龍女未必一定是疍民，其實前人說的是龍種，不是龍女，龍種是指種族，顯然是指異族。第六點說椎髻是類似錐子，不是帆船髮髻的樣子，其實椎髻不是錐髻，是類似木椎，是他自己理解錯誤，所以他的反駁不能成立。

二、媽祖是疍民的地名新證

　　我認為媽祖與疍民關係密切，還有其他證據，莆田沿海的原住民原有很多疍民，《資治通鑑》卷二五九說：「王潮以從弟彥復為都統，弟審知為都監，將兵攻福州。民自請輸米餉軍，平湖洞及濱海蠻夷皆以兵船助之。」王審知從閩南北上，攻下福州，得到濱海蠻夷的海軍幫助，這些人就住在莆田沿海，他們的完全漢化應該是在北宋時期。也就是說，媽祖生活的年代，莆田沿海還有大量蠻夷，包括水上的疍民。

　　過去從莆田忠門半島到湄洲島，要從文甲村坐船，在文甲村和湄洲島之間還有文甲大嶼。我認為文甲這個地名就是疍民文化的最好證據，文甲不是漢語，而是南島民族語言的大船，臺灣宜蘭縣原住民噶瑪蘭人把船稱為蟒甲vanka，黃叔璥說康熙壬寅（1722 年）漳州把總朱文炳曾經漂流到宜蘭，噶瑪蘭人用蟒甲送回，蟒甲是：「獨木挖空，兩邊翼以木板，用藤縛之，無油灰可

〔註15〕郭志超：《媽祖係疍民考》，蔡耀平、張明、吳遠鵬主編：《學術泉州》，中央文獻出版社，2003 年，第 340～343 頁。

〔註16〕石奕龍：《媽祖不是出身於疍民》，《莆田學院學報》2004 年第 4 期。

艎。水易流入，番以杓不時挹之。」〔註17〕這個字在噶瑪蘭人北部的巴賽語中是 bangka，音譯為艋舺，臺北市萬華區是日本殖民者改名，原名就是艋舺，來自原住民語言。艋舺原來是臺北的市中心，因為這裡原來就是原住民的渡口，所以稱為艋舺。文甲、蟒甲、艋舺讀音極近，顯然都是異寫。因為文甲村是去湄洲島的渡口，所以用大船為名。這說明此名很早，此地原住民是南島民族，因為他們的大船極有特色，所以此名留存。

湄洲、文甲、吉了地圖

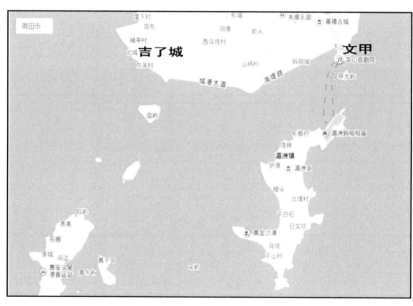

就在文甲村之西的梯吳村，還有吉了古城，宋代為吉了寨，明代設吉了巡檢司，現存一段殘牆。吉了顯然不是漢語，我以為吉了就是仡佬，讀音極近。仡佬有葛獠、仡獠、革獠、獠等各種異寫，這是侗臺語系民族的通名，分布極為廣泛。因為吉了村原來是越人所居，所以有吉了之名。

現在廣東惠東縣的東南沿海，有一條吉隆河，吉隆很可能也是仡佬的異譯，源自土著越人。

有一種鳥叫秦吉了，出自南方，故名吉了，也即仡佬。有人附會為出自秦地，白居易《秦吉了》：「秦吉了，出南中。」南中是南方，不可能是秦地，所以是附會，可能是通過漢中進入秦地，被關東人誤以為來自秦地。

〔註17〕詹素娟、張素玢：《臺灣原住民史：平埔族史篇（北）》，南投：臺灣省文獻委員會，2001 年，第 27 頁。

三、海女的日語讀音和阿媽

　　日本的漁民，漢字寫成海人、海部、白水郎、泉郎，男的稱海士，女的稱海女、潛女，這是音譯。也寫成阿末、安末、阿麻，這是音譯，日語的讀音是 ama，恰好非常接近阿媽。《和名類聚抄》卷二：「白水郎，和名阿萬。」阿萬即 ama 的音譯，這個字的讀音由來未必是漢字的阿媽，但是讀音非常接近，使人思考媽祖的名字默和海女的關係。

　　日本的海女是一個很特殊的群體，第一個到達日本的英國船長薩里斯，在其遊記中記載了海女，潛水捕魚，不用漁網，因為長期潛水，眼睛布滿血絲，所以一眼可以辨認。〔註18〕李相海詳細研究了日本很多地方的海女，海女經常潛水捕撈鮑魚等貝類，鮑魚的日語是 awabi，awa 有時寫成阿波、安房、淡路，意思是大海，有學者認為 bi 是女子生殖器，也寫成 tsubi。〔註19〕

　　媽祖與疍民文化關係密切還有一個證據，就是不少地方的媽祖是黑臉。湄洲島西南的泉州崇武鎮有黑臉媽祖，同安南門銀同天后宮的媽祖也是黑臉，還渡海到臺灣很多地方。〔註20〕崇武所在的惠安縣東部有著名的惠安女，也是疍民之後。因為疍民在後世完全漢化，所以不少地方出現各種解釋黑臉媽祖的傳說。這些傳說的解釋不同，互相矛盾，其實不能解釋黑臉媽祖的真正由來。如果我們想到疍民的膚色，就不難解釋黑臉媽祖的由來。疍民膚色黝黑，不能因為在海上風吹日曬，還因為他們本來就是源自越人。

　　現在湄洲島的女子有獨特的髮型和服飾，湄洲島西南的惠安縣東部還有著名的惠安女，也有特別的服裝，泉州市東部的蟳埔女，頭上有豔麗的鮮花裝飾。湄洲女、惠安女、蟳埔女是著名的閩南三大漁女，他們獨特的服飾就是古代疍民文化的遺存。福州城南的閩江曾經有很多疍民，清初福州進士謝道承的《南臺竹枝詞》說：「野花堆向鬢邊多。」屈大均說廣州的疍民：「佛桑亦是扶桑花，朵朵燒雲如海霞。日向蠻娘鬢邊出，人人插得一枝斜。」〔註21〕可見這種頭飾曾經在東南沿海的疍民之中有廣泛分布。

　　全祖望說疍民全無知識，這是一種民族歧視，一種文化偏見，疍民的海

〔註18〕〔英〕克萊爾‧考克-斯塔基著、吳煒聲譯：《那些異國玩意兒：大航海時代探索世界的第一手記事》，遠足文化事業股份有限公司，2016 年，第 219 頁。

〔註19〕李相海：《海女文化：日韓海女與中國疍民的淵源》，中國華僑出版社，2017 年。

〔註20〕蔡永哲主編：《泉州崇武黑臉媽祖與臺灣關係》，《媽祖研究》，廈門大學出版社，1999 年，第 223～227 頁。

〔註21〕王利器、王慎之、王子今輯：《歷代竹枝詞》，第 376、810 頁。

洋和航海知識遠遠勝過漢族。現在中國的疍民雖然早已全部漢化，但是我們
不能忘記疍民開拓中國航海事業的首要貢獻。我們說媽祖與疍民文化關係密
切，是一種客觀歷史研究，絲毫沒有貶低疍民和媽祖的意思。只有把媽祖與
疍民文化關係密切的歷史辨明，才能明白媽祖為何迅速沿海擴展，因為疍民
曾經散佈在江蘇、浙江、廣東、廣西、海南、臺灣沿海，往來密切。〔註22〕

福建泉州蟳埔女　　　　　　　莆田湄洲女的頭飾

海南文昌賣魚的**疍**家女

〔註22〕周運中：《中國南洋古代交通史》，廈門大學出版社，2015 年，第 37～44 頁。

George Chinnery 畫的 19 世紀珠江疍家女

第五節　五通神源自猿猴

　　五通是唐代以來江南出現的重要神靈，唐代鄭愚《潭州大溈山同慶寺大圓禪師碑銘》提到鬼五通，桐廬人施肩吾《寺宿為五通所撓作》詩云：「五通本是佛家奴，身著青衣一足無。」北宋李覯《盱江集》卷二四《邵氏神祠記》說到江西建昌軍（今南城縣）：「城北有民邵氏世奉五通，禱祠之人日累什百。景祐元年冬，里中大疫，而吾家與焉，乃使人請命於五通神。」司馬光文集卷七五《宋故處州縉雲縣尉張君墓誌銘》說：「縣有淫祠曰五通，人嚴事之。」〔註 23〕從湖南、江西、浙江的地域來看，中心在江西。雖然已有很多人研究過五通神，但是都沒有發現其語源是越語的猿猴。

　　劉宋劉義慶《幽冥錄》卷六：

　　　　海中有金臺，出水百丈。結構壯麗，窮盡神工……臺內有金幾，
　　雕文備置，上有百味之食。四大力神，常立守護，有一五通仙人來，
　　欲甘膳，四神排擊，遷延而退。

　　薛克翹先生認為這段記載來自印度，四大力神是四大金剛，五通仙人是婆羅門仙人通過瑜伽獲得五種神通：神足通、天眼通、天耳通、他心通和宿命通。〔註 24〕我認為五通神可能受到印度文化的影響，但是這種解釋無法解

〔註 23〕范熒：《上海民間信仰研究》，上海古籍出版社，2006 年，第 247 頁。
〔註 24〕薛克翹：《神魔小說與印度教》，中國大百科全書出版社，2016 年，第 178～181 頁。

釋宋代人肯定地認為五通是一種樹上的鬼怪，印度教的五通是修煉得道的人，但是古人卻認為五通神不是人。

一、五通源自百越語的猿猴

南宋洪邁《夷堅志·丁志》卷十九《江南木客》說：

> 大江以南地多山，而俗機鬼。其神怪甚詭異，多依岩石樹木為叢祠，村村有之。二浙、江東曰五通，江西、閩中曰木下三郎，又曰木客。一足者，曰獨腳五通。名雖不同，其實則一。考之傳記，所謂林石之怪夔、罔兩及山獱是也。李善注《東京賦》云，野仲遊光，兄弟八人，常在人間作怪害，皆是物云。變幻妖惑，大抵與北方狐魅相似。或能使人乍富，故小人好之。致奉事以祈無妄之福，若微忤其意，則又移奪而之他。遇盛夏，多販易材木於江湖間。隱見不常，人絕畏懼，至不敢斥言。祀賽惟謹，尤喜淫，或為士大夫美男子，或隨人心所喜慕而化形。或止見本形，至者如猴猱，如彪，如蝦蟆，體相不一。皆趫捷勁健，冷若冰鐵，陽道壯偉。婦女遭之者，率厭苦不堪，羸悴無色，精神奄然。有轉而為巫者，人指以為仙，謂逢忤而病者為仙病。又有三五日至旬月，僵臥不起。如死而復蘇者，自言身在華屋洞戶與貴人歡狎。亦有攝藏挾去，累日方出者。亦有相遇，即發狂易，性理乖亂，不可療者。

洪邁書中還有多則涉及五通神，丁志卷十三孔勞蟲、卷十五吳二、支癸卷三獨腳五通等條目都講了五通神讓商人致富的故事。洪邁是江西鄱陽人，江西正是五通神分布地域的中心。他說兩浙和江東稱為五通神，江西和福建稱為木下三郎，又清楚地說就是木客、山獱，有時是猿猴形。一足的是獨腳五通，這就和唐代人施肩吾的一足印證。山獱就是山魈，也即猿猴。五通喜歡姦淫婦女，使人生病，這顯然就是猿猴。所以其最早的祭祀處都在森林，因為猿猴喜歡搶人東西，所以誤傳能使人乍富。

古人對猿猴搶劫婦女的記載很多，西晉張華《博物志》：

> 蜀中南高山上有物似獼猴，長七尺，能行健走，名曰猴玃，一名馬化，或曰猳玃。伺行道，婦人有好者，輒盜之以去，人不得知。行者每經過其旁，皆以其長繩相引，然故不免，此能別男女氣自，故取女不取男。取去而為家室，其無子者，終身不得還，十年之後，形類之，意亦或迷，不復思歸。有子者，輒擔送還其家。

周去非《嶺外代答》卷十《猴妖》：

> 靜江府疊彩岩下，昔日有猴，壽數百年，有神力，變化不可得
> 制，多竊美婦人……猴骨葬洞中，猶能為妖……張安國改為仰山廟，
> 相傳洞內猴骨宛然，人或見，眼急微動，遂驚去矣。

明代陸粲《庚巳編》卷五：

> 吳俗所奉妖神，號曰五聖，又曰五顯靈公，鄉村中呼為五郎神，
> 蓋深山老魅、山蕭木客之類也，五魅皆稱侯王。

侯王其實是猴王，五通就是伍相奴，唐代段成式《酉陽雜俎》卷十五《諾皋記下》：

> 伍相奴，或擾人，許於伍相廟多已。舊說一姓姚，二姓王，三
> 姓汪。昔值洪水，食都樹皮，餓死，化為鳥都，皮骨為豬都，婦女
> 為人都。鳥都左腋下有鏡印，闊二寸一分，右腳無大指，右手無三
> 指，左耳缺，右目盲。在樹根居者名豬都，在樹半可攀及者名人都，
> 在樹尾者名鳥都。其禁有打土壟法、山鵲法。其掌訣，右手第二指
> 上節邊禁山都眼，左手目標其喉。南中多食其巢，味如木藝。窠表
> 可為履屜，治腳氣。

南島語的猩猩是 orang utan，原義是林中人，orang 是人，utan 是森林。五通就是 utan 的漢譯，相的上古音是 siang，現代漢語的霜保留了相的古音，因為 t 和 s 接近，所以伍相也是 utan 的異譯，所以五通就是猿猴。現在閩南語的通還讀成 tang，所以閩南語的不要讀成 m-tang，應該寫成不當，但是現在很多人誤寫成不通。五郎也是 utang 的訛傳，因為 t 和 l 讀音接近，現在撫州話的 l 都讀成 t，比如臨川的臨讀成 tim。

姚、王、汪讀音接近，都是源自 orang，現在溫州話的王還讀成 yao。因為猿猴樣子像很瘦的人，所以被道士謊稱是餓鬼變成伍相奴。因為猿猴能搶人東西，傳播疾病，所以道士有各種禁術，防止人遇到。東晉葛洪《抱朴子·登涉》：「山中山精之形，如小兒而獨足，走向後，喜來犯人。人入山，若夜聞人音聲大語，其名曰蚑，知而呼之，即不敢犯人也。一名熱內，亦可兼呼之。」山精就是猿猴，獨腳符合《夷堅志》獨腳五通之說。

梟陽就是音譯南島語的人 orang，今天南部吳語和閩語的人稱為儂，古代北部吳語也稱為儂，漢語稱為郎，都是源自這個字，讀音接近陽，現在粵語的人還讀 yang。《山海經·海內經》：「南方有贛巨人，人面長臂，黑身，

有毛，反踵，見人笑亦笑，唇蔽其面，因即逃也。」《爾雅·釋獸》：「狒狒，如人，被髮，迅走，食人。」郭璞注：「梟羊也。《山海經》曰：其狀如人，面長唇黑，身有毛，反踵，見人則笑。交、廣及南康郡山中亦有此物，大者長丈許。俗呼之曰山都。」西漢梟陽縣在今鄱陽縣西，因為人類捕殺和破壞森林，六朝已經退縮到南康郡（今贛州）和嶺南。

北宋樂史《太平寰宇記》卷一百二漳州龍溪縣：

> 九龍山，山下有水，名九龍水。按《郡國志》云：一名鬼侯山，背有金溪水，山中多魁，一名羊花子。

羊花子應是花羊子的倒誤，花羊就是梟陽，讀音很近，可見山魁、梟陽就是猿猴。

鬼怪叫魍魎，《國語·魯語下》孔丘說：「木石之怪曰夔、蝄蜽，水之怪曰龍、罔象，土之怪曰羵羊。」韋昭注：「或云夔一足，越人謂之山繅，音騷，或作〈犬梟〉，富陽有之，人面猴身，能言。或云獨足也。」甲骨文的夔，就是猿猴的象形。蝄蜽就是 orang 的音譯，所以是木石之怪。東晉干寶《搜神記》卷十二引《夏鼎志》：「罔象，如三歲兒，赤目，黑色，大耳，長臂，赤爪，索縛則可得食。」罔兩（罔象）顯然是猿類。周去非《嶺外代答》卷十《罔兩》：「淳熙乙未正月朔，罔兩見於融州融水縣治，有人之影，無人之形，倮而披髮者無萬數。」或許也是猿猴的訛傳。

二、山都、木客是猿猴

人都、豬都、鳥都的劃分，也見於北宋樂史《太平寰宇記》卷一百二汀州引唐代牛肅《紀聞》：

> 樹皆楓松，大徑二三丈，高者三百尺，山都所居。其高者曰人都，其中者曰豬都，處其下者曰鳥都。人都即如人形而卑小，男子婦人自為配耦。豬都皆身如豬，鳥都皆人首，盡能人言，聞其聲而不見其形，亦鬼之流也。三都皆在樹窟宅，人都所居最華，人都或時見形。

山都住在樹上，豬都似豬，都本來就是豬，豬都是重複，這種三分法是晚出的細分，三都是對山都的誤解。山都源自山豬，都和豬的聲旁相同，所以現在閩南語的豬仍然讀成都，因為猿猴嘴部突出，所以稱為山都。這個名字源自北方漢人，原來不熟悉南方生物，所以稱為豬。

《太平御覽》卷八八四引鄧德明《南康記》：

> 山都，形如崑崙人，通身生毛，見人輒閉眼，張口如笑，好在深澗中翻石覓魚蝦之。木客，頭面語聲亦不全異人，但手腳爪如鈎利。高岩拘掊，然後居之。能斫榜，牽著樹上聚之。昔有人慾就其買榜，先置物樹下，隨量多少取之。若合其意，便將去，亦不橫犯也。但終不與人面對交語作市井。死皆知瘞殮之，不令人見其形也。葬棺法，每在高岸樹杪，或藏石巢中。南康三營代舡兵往說，親睹葬所，舞倡之節，雖異於世聽，於風林汎響，類歌吹之和。

又引《述異記》：

> 南康有神名曰山都，形如人，長二尺餘，黑身，赤目，髮黃，被之。於深山樹中作巢，巢形如堅鳥卵，高三尺許，內甚澤，五色鮮明。二枚沓之，中央相連。土人云上者雄舍，下者雌室。旁悉開口如規。體質虛輕，頗似木筒，中央以鳥毛為蓐。此神能變化隱身，罕睹其狀。

山都住在樹上，有很長的黑毛，顯然是猿猴。猿猴喜歡長嘯，也即猿啼，所以被誤傳為唱歌。因為聽上去淒厲，所以誤傳為葬禮。猿猴喜歡拿人的東西，被誤傳為交易。《南康郡》說山都能砍下樹木，所以洪邁《夷堅志》稱五通神能販賣樹木。《述異記》說山都在樹上做窩，很少人看到山都的真面目，也符合《夷堅志》五通的描述。

猿猴住在樹上，但是被稱為木下三郎，木下是對百越語猴子 mok 的音譯，緬甸語是 myauk，毛利語是 maki，蘇祿海西部海岸巴瑤語是 mook。沐的上古音是 mok，所以楚人稱猴為沐猴，有沐猴而冠的典故。《史記‧項羽本紀》提到楚人的成語沐猴而冠，裴駰《史記集解》引張晏曰：「沐猴，獼猴也。」

樂史《太平寰宇記》卷一百九吉州盧陵縣引曹叔雅《盧陵異物志》：「盧陵大山之間有山都，似人，常裸身，見人便走。自有男女，可長四五尺，能嘯相呼，常在幽昧之間，亦鬼物也。」太和縣贛石山引《郡國志》：「山都獸，似人。」引《異物志》：「大山窮谷之間有山都，人不知其流緒所出，髮長五寸而不能結，裸身，見人便走避之，種類疏少，曠時一見，然自有男女焉。」卷一百八虔州贛縣上洛山引《輿地志》：「上洛山多木客，乃鬼類也，形似人，語亦如人，近則藏隱。能砍杉枋，聚於高峻之上，與人交市，以木易人刀斧。交關者前置物枋下，卻走避之。木客尋來取物下枋，與人隨物，多少甚信，直而不欺。」

三、山魈、山鬼、猴王

東晉干寶《搜神記》卷十二：

> 臨川間諸山有妖物，來常因大風雨，有聲如嘯，能射人，其所著者，有頃，便腫，大毒。有雌雄，雄急，而雌緩。急者不過半日間，緩者經宿。其旁人常有以救之，救之少遲，則死。俗名曰刀勞鬼。

臨川郡是今江西省撫州市，這種能嘯的怪物，顯然就是長臂猿。能扔東西砸人，所以被視為鬼魅。

古人用鞭炮驅逐山魈，《荊楚歲時記》說：

> 正月一日，是三元之日也。《春秋》謂之端月。雞鳴而起，先於庭前爆竹，以闢山臊惡鬼。按：《神異經》云：西方山中有人焉，其長尺餘，一足，性不畏人，犯之則令人寒熱，名曰山臊。以竹著火中，樸畢有聲，而山臊驚憚。《元黃經》所謂山獵鬼也。

山魈一足的傳說，符合《夷堅志》獨腳五通的傳說，其實是因為猿猴在樹上游蕩時往往併攏雙足，人遠遠看去以為是一足。猿猴能向人類傳播各種疾病，所以說碰到令人寒熱，這也符合五通令人生病的傳說。

明代福州人謝肇淛《五雜組》卷十五：「江北多狐魅，江南多山魈……山魈，閩、廣多有之，據人屋宅，淫人婦女。蓋《夷堅志》所載：「木客之妖者，當其作祟之時，百計不能驅禳；及其久也，忽然而去，不待驅之。」蓋妖氣亦有時而盡故耳。」清代廈門人還傳說有一種鬼怪叫三消，有大黑手，茸毛很長，廈門人李禧說，其實是山魈。〔註25〕

因為猿猴被看成是鬼，所以《楚辭·九歌》的《山鬼》就是指猿猴，因為其文說：「被薜荔兮帶女羅，既含睇兮又宜笑，子慕予兮善窈窕……猨啾啾兮又夜鳴，風颯颯兮木蕭蕭。」上引唐代施肩吾的詩，說五通身穿青衣，其實是指猿猴的身上有樹葉或苔蘚。《山海經》、《南康記》都說梟陽、山都看見人會笑，姦淫婦女，揚雄《方言》卷十：「遙窕，淫也。九嶷荊郊之鄙謂淫曰遙，沅湘之間謂之窕。」《九歌》正是源自楚地，所以《山鬼》說山鬼喜歡窈窕的女子，指淫蕩的女子。《國風·周南》：「窈窕淑女，君子好逑。」周南的地域在漢水流域，也是楚地，窈窕淑女也是指淫蕩的女子。《山鬼》最末提到猿啼之聲淒厲，其實已經點出了山鬼的真相。

〔註25〕李禧：《紫燕金魚室筆記》，北京廣播學院出版社，1995年，第84頁。

洪邁《夷堅志·甲志》卷六：

> 福州永福縣能仁寺護山林神，乃生縛獼猴，以泥裹塑，謂之猴王。歲月滋久，遂為居民妖祟。寺當福、泉、南劍、興化四郡界，村俗怖聞其名。遭之者，初作大寒熱，漸病狂不食。緣籬升木，自投於地，往往致死，小兒被害尤甚。於是祠者益眾，祭血未嘗一日乾也。祭之不痊，則召巫覡乘夜至寺前，鳴鑼吹角，目目取攝。寺眾聞之，亦撞鐘擊鼓與相應，言助神戰，邪習日甚，莫之或改。長老宗演聞而歎曰：「汝可謂至苦，其殺汝者既受報，而汝橫淫及平人，積業轉深，何時可脫？」為誦梵語大悲咒資度之，是夜獨坐。見婦人，人身猴足，血污左腋。下旁一小猴，腰間鐵索，繫兩手，抱女再拜於前曰：「弟子猴王也，久抱沉冤之痛，今賴法力，得解脫生天，故來致謝。」復乞解小猴索，演從之。且說偈曰：「猴王久受幽沉苦，法力冥資得上天，須信自心元是佛，靈光洞耀沒中邊。」聽偈已，又拜而穩。明日啟其堂，施鎖三重。蓋頃年曾為巫者射中左腋，以是常深閉，猴負小女如所睹，乃碎之。並部從三十餘軀，亦皆烏鳶梟鵰之類所為也。投之溪流，其怪遂絕。

福州的猴王神本來是土著信仰，被佛教利用，宣揚佛教。猿猴能把疾病傳給人類，尤其是傷害小孩。現在閩江流域有猴神，稱為齊天大聖，簡稱為大聖，也傳到閩南等地，南安石井鎮有大聖宮。廈門的保生堂就是一百多年前福州移民建立，供奉福州神靈，包括五靈公和大聖。

不過五靈公在保生堂最右側的神龕，顯示其是較晚的時代來自外地。而猴王在最中間的神龕的右側，顯示猴王是本地出現的神。最中間供奉的是三皇，這是地位最高的神。三皇竟然是玉皇大帝、盤古帝王、監雷法主，玉皇大帝是道教最高的神，這是受到道教特別是鷹潭龍虎山天師道的影響。盤古帝王則是地道的南方土著族群的神，因為福建有很多畬族，畬族是從苗瑤民族分化東遷。《後漢書·南蠻西南夷列傳》記載長沙武陵蠻的祖先是盤瓠，就是盤古。所以苗族、瑤族、畬族都有盤姓，福州西南的永泰縣有盤谷鄉，江西雩都縣有盤古山鎮，吉水縣有盤古村，廣東惠陽、花都有盤古廟。

廈門福州人廟宇保生堂內景

保生堂的三皇神像

保生堂的猴王　　　　　　　　保生堂的五靈公

　　現存最早的《西遊記》文學作品是南宋《大唐三藏取經詩話》，孫悟空是花果山紫雲洞八萬四千銅頭鐵額獼猴王，這部作品雖然是南宋的杭州刻印，但是基礎來自唐代和北宋。元代楊景賢的《西遊記》雜劇中，孫行者說：

　　　　小聖弟兄、姊妹五人，大姊驪山老母，二妹巫枝祇聖母，大兄
　　齊天大聖，小聖通天大聖，三弟耍耍三郎。

　　齊天大聖的名號是在南宋出現，其實就是來自福建的猴王崇拜。在今福建很多地方的廟中都可以看到猴王，稱為大聖。順昌縣出現還有供奉通天大聖、通天大聖猴王的廟，所以飛天大聖的名號源自福建。

　　宋代話本《陳巡檢梅嶺失妻記》說：

　　　　且說梅嶺之北有一洞，名曰中陽洞，洞中有一怪，號曰白巾公，
　　乃猢猻精也。弟兄三人：一個是通天大聖，一個是彌天大聖，一個
　　是齊天大聖。小妹便是泗洲聖母。這齊天大聖神通廣大，變化多端，
　　能降各洞山魈，管領諸山猛獸，興妖做法，攝偷可意佳人，嘯月吟
　　風，醉飲非凡美酒，與天地齊休，日月同長。

　　梅嶺就是現在江西大餘縣和廣東南雄縣之間的梅嶺，三個猴精就是孫悟空名號齊天大聖的由來之一，他們的名字都叫大聖，而且就是元代雜劇《西遊記》三個大聖的由來。因為梅嶺和武夷山很近，所以也有類似的傳說。

　　福州的鄉土小說《閩都別記》第138回說臨水夫人陳靖姑降服了烏石山

宿猿洞的猴精丹霞大聖，皈依正法，受了敕封，顯聖祐民，城市鄉村都有齊天府，俗呼為猴王廟。其實猴王廟不是源自福州，是從閩西北山地傳入福州，所以被福州道士傳為被本地女神陳靖姑降服。

四、五顯神在長江流域的傳播

猿猴在江南逐漸消失，從江南平原退到富陽等處山地，從都陽湖平原退到撫州、贛州。但是五通神的信仰卻愈演愈烈，又演化出五顯、五聖、五帝、五靈公、五府王爺等名號。因為五通神能保護婦女兒童，又是財神，功能很多，所以得到迅速擴展。

宋代浙江已有五通神，明清成為浙江北部最重要的信仰，田汝成《西湖遊覽志》：「杭人最信五通神，亦曰五聖……凡委巷空園及大樹下，多建祀之。」〔註26〕杭州五通神祠仍然在猿猴出沒地點僻巷、空園、樹下。五聖、五帝的名號晚出，挑戰儒家的正統思想，所以在明清時期有很多官員嚴禁五通神。

明代田汝成《西湖遊覽志》卷十六：「華光廟，在普濟橋上，本名寶山院，宋嘉泰間建。紹興初，丞相鄭清之重修，以奉五顯之神，亦曰五通、五聖，江以南無不奉之，而杭州尤盛，莫詳本始……或曰五顯，五行之佐也，而五通非五顯也，宋政和元年詔毀五通淫祠，則五通非五顯明矣……五顯者，五行之佐也，無姓氏可考，宋時賜號：一曰顯聰昭聖孚仁福善王、二曰顯明昭聖孚義福順王、三曰顯正昭聖孚智福應王、四曰顯直昭聖孚愛福惠王、五曰顯德昭聖孚信福慶王。五王封號，皆有顯字，故謂之五顯廟云。」其實五顯就是五通，政和元年（1111年）毀五通淫祠，尚未出現五顯之名。

五顯之名源自徽州婺源縣，不能說明五通神源自婺源縣。《三教源流搜神大全》和弘治《徽州府志》卷五說，五顯是宋徽宗宣和五年（1123年）所封，恰好在大觀元年嚴禁五通神之後不久。所以五顯很可能是民間巫師把五通神改頭換面，這和清代民間把官府嚴禁的五聖改名五路一樣。因為有北宋末年的這次查禁，使得很多人誤以為五顯源自婺源縣。五顯的名號更加顯赫，所以迅速取代了原來江西和福建的木下三郎等名號。因為北宋末年的查禁五通時間很短，所以江浙的五通神廟很快恢復。

南宋台州地方志嘉定《赤城志》卷三一：「五顯靈觀王行祠，在棲霞宮後

〔註26〕朱海濱：《祭祀政策與民間信仰變遷——近世浙江民間信仰研究》，復旦大學出版社，2008年，第148～149頁。

山，嘉定十四年建，即婺源神也。」又說：「祐正廟，在巾子山後，祠五通。淳化五年，柳延邵重建。按廟記，吳越時祈禳如響，事聞，封保德王。建炎四年，賜今額，門有雙檜甚古。按諸邑皆有廟，此為正祠。」五通神在南宋初年又得到恢復，但是很多人不知道五顯就是五通。

弘治《徽州府志》卷五：「唐光啟二年，婺源王瑜者，一夕園中紅光燭天，見五神人自天而下，導從威儀，如王侯狀……至宋宣和五年，五神人受封為通貺侯、通祐侯、通澤侯、通惠侯、通濟侯，俗稱五通。」五通神的起源不可能從唐末的光啟二年才有，王侯是猴王的訛誤，說明徽州人早已不清楚五通神的真正由來，或許徽州不是五通神起源的核心之地。

各地還有五通神的種種晚出附會，比如蘇州人傳說是南朝顧野王的五個兒子，或者源自東晉僧人支遁，這些顯然出自儒家和僧人。浙江黃岩傳說源自南齊柴姓五個兄弟，四川綿竹傳說宋代蕭齊福的五個兒子。

安徽舒城有五顯鎮，祁門有五顯殿，蕪湖有五顯集，宣城有五顯廟，休寧有五顯嶺，當塗有五顯村，江西婺源有五顯廟，浙江平陽、蒼南、甌海有五顯殿，鹿城、玉環有五顯廟，龍灣有五顯觀，紹興有五顯閣，江蘇高淳有五顯村，福建福州有五顯巷，同安有五顯鎮。

明末清初上海人葉夢珠《閱世編》卷三：「五方賢聖神，不知始於何代，亦不悉其氏族爵里。或云通稱福德五聖，固上界貴神，明太祖憫陣亡戰士，因五人為伍之義，俾得廟食一方，遂假託五聖之名，要不見於正史，莫可得而考也。惟大江以南，廟貌最盛，自通都大邑以及三家村落，在在有之，不下數百千萬，名亦種種不一，在田者曰田頭五聖，在大樹者曰樹頭五聖，在民居屋上者曰簷頭五聖，在路間者曰路頭五聖，在水濱者曰水仙五聖，民間婚嫁或在新婦冠上曰花冠五聖，在橋者曰橋前五聖。廟制壯麗者，等於府地。湫隘者不過盈尺，高不過箭。或塑像，或畫圖，或託巫言，或憑病者，或迷婦女，或現真形，皆能著靈異，祭禱迎賽，殆無虛日，而惟蘇州之上方山為尤甚……康熙二十三年甲子，中州湯公斌，以內閣學士來撫吳中……訪知吳俗惑於淫祀，下車即行嚴禁，不能遽止。次年乙丑秋，躬詣上方山，先取五聖神像，立毀之。於是遍檄屬郡州縣，廟無大小，盡行拆毀，神無塑畫，悉投水火。」顧祿的《清嘉錄》卷一說湯斌嚴禁五通神，導致民間改稱為五路神。

上海在海岸，遠離五通神的起源地，所以上海人不知道五通神的起源真相，甚至出現源自朱元璋的誤傳。五聖的名號應該是在江浙產生。

現在安徽郎溪、江蘇高淳、溧陽等地有跳五猖的習俗，又稱為五猖會，有人認為是源自鄰近的安徽廣德祠山大帝信仰。我認為不是，五猖就是五通神，所以傳說五猖既是惡神，又是財神，喜歡惡作劇，把偷來的東西放到別人家裏，這都是源自猿猴的舉動。

台州椒江明代海門衛古城東門五聖廟

經過清代的打擊，現代江南的五通信仰的影響不如以前。現在江西廣豐有五聖山，浙江衢州、江蘇溧陽有五聖街，浙江海鹽、餘杭、海寧、江蘇宜興、山東聊城有五聖村，安徽黃山有五聖亭。五聖信仰也從長江下游傳到湖北、湖南、四川、廣東、廣西、山東等地，湖北浠水、湖南常德、廣東順德、東莞、四川德陽、廣西南寧都有五聖宮，湖南醴陵、河南桐柏有五聖塘，四川雙流、眉山有五聖村，廣東江門、惠東、湛江、四川遂寧、岳池、鹽源、浙江象山、台州有五聖廟，江北的如東也有五聖廟，湖北公安有五聖咀。

在遠離五通神起源地的區域，五通神大都在大城市和交通要道，很多是由外地商人傳入。梧州是水運樞紐，南寧的五聖宮也在江邊。徽州人的《歙風俗禮教考》：「大概徽（州）、寧（國）人行商遠賈者多，五猖之祀以資捍禦，亦由軍行，冀無往不利耳，故亦有稱五福者。」現代徽州的五通神衰落，主要因為近代以來徽商的衰落。

湖北荊州、枝江、沙洋、湖南澧縣、漢壽、石門、東安、廣西桂林、梧州、南寧、重慶、四川成都、開江、南充、邛崍都有五通廟，這些地方遠離五通神的起源地江南，保留了五通神的最早名字。

今貴州西北部畢節、安順、六盤水三個地區，尤其是烏江上游的六沖河、三岔河、鴨池河流域有穿青人，因為衣服青色而得名。2000 年第五次人口普查時，填報自己是穿青人的有 67 萬，織金、納雍二縣各有 20 萬。其族譜記載祖先主要來江西吉安，在明初來到貴州。1955 年費孝通帶領的民族識別調查隊，認為穿青人是漢族。1986 年的《貴州省穿青人民族成分問題的重新調查報告》認為穿青人是非漢族，但是未得到正式認定，現在仍然被歸入漢族之中。報告認為穿青人的標誌文化符號是信仰五顯神，穿青人的堂屋神龕左上方掛有竹簍，裝有陶壇，稱為五顯壇。穿青人還有盛大的祭祀五顯神活動，廟祭在九月二十八的五顯誕辰節日，家祭的時間不定。

我認為穿青人是漢族的支系，五顯神傳入貴州的時間不可能早到元代之前，穿青人如此篤信五顯神更是應該晚到明代。如果穿青人是非漢族，不可能如此篤信來自江南的五顯神。不能因為清代人不精確的民族識別把穿青人單列為一族就說穿青人不是漢族，清朝統治者是滿族，如果把漢族的支系單列為一族也很正常。清代人把貴州諸多民族都稱為苗族，難道我們也要相信這種錯誤的觀點嗎？有些古籍稱之為土人、里民，本義是當地人，不是土著民族，各地人都可以稱為土人、里民，顯然不能按照今天的漢語一般意義去解釋。穿青人從來沒有特殊的語言和風俗，五顯神並不是一種特有的風俗，貴州的非漢族都認為穿青人是漢人。穿青人這個名字也是晚到清代才出現，南明在西南抗清，堅持很久，貴州漢族的主體本來是來自明初的軍隊。而且他們長期生活在非漢族的周邊，遠離漢地，所以在清代自然會更加保持一些特殊的習慣。因為西南民族眾多，所以容易被誤以為是一個民族。

五、五顯神在閩臺的傳播

五通神傳到福州，變成了五帝、五靈公，五靈公是五顯靈公的簡稱。《閩都別記》第 250 回說：「臺江前皆寧靜，自宋入元，遂有五怪作祟。五怪者，乃水猴、水鳥、蛤蚌、鱸魚、水蛙，此五怪聚在望北臺下龍潭壑裏為巢穴……遂同變為五通神，臉分五色，惟中多一眼，衣亦穿五色，皆戴金冠，時常出遊於江面，或現於岸旁。人遇見亦不驚，皆以為五方之帝下降，行災布病，不論有病無病，無不備大禮儀當天祭禳，遂於江濱建五帝廟。」第 252 回說

閩清縣造船人吳瑞一家拆觀音堂，建五帝廟，猴怪的法力尤大，而且在故事中明確提到元成宗大德年號，第253回說閩清的閭山派道士柳七娘降服猴怪。這就證明五通神確實是在元代，由閩江傳到福州。本地道士為了證明原來神靈的法力，排抑佛教，所以編出了道士降服猴怪的傳說。至於水鳥、蛤蚌、鱸魚、水蛙，這是福州原有的水怪傳說混入了五通神之中，但是仍然排在猿猴的後面。

明代黃仲昭《八閩通志》卷五八：「五顯廟在通津門樓上……其下通舟楫，故榜曰通津之門……廟初在河之南岸，即懷遠驛故址，舊名五通廟，亦名龍宮廟，後廢，移祀於此。世傳神姓蕭，兄弟五人，按《蘇州志》，五顯者，婺源土神也，初封通貺善應昭福永福侯、通祐善助昭信永休侯，通澤善利昭義永康侯、通惠善及昭成永寧侯、通濟善助昭慶永嘉侯，後加王爵，冠以顯字，遂號五顯。又有行祠二，一在布政司譙樓左，洪武二十八年重建，一在烏石山上。」五顯廟原來叫龍宮廟，解釋了《閩都別記》五通神混入很多水怪的原因。五通神是外來商人傳入，所以在水運樞紐。

明代王應山《閩都記》卷十：「順懿宮，祀臨水陳夫人……烏石初有宮，在五顯廟旁，淺窄不便禱祀。國朝萬曆初，都督王尚文移建霹靂岩今所。」可見烏石山的臨水夫人廟原來不是很大，《閩都別記》誇大臨水夫人一派巫師降服五通神的故事是一家之言。

五通神和瘟神在福州發生混合，產生了瘟神五帝。摻雜了服毒救人的情節，這種情節來自江南的張巡、許遠信仰。因為猿猴使人生病，所以混入瘟神之中。有人認為福州的五帝不是源自五通神，但是洪邁清楚地說到五通神令人生病，所以我認為不能否定福建的五帝源自五通神。

五通神傳到閩南，變成了瘟神五府王爺，五府可能源自五福。因為五通本來是南島語森林 utan，不存在五個名目，但是閩南各地被安上了不同姓氏的王爺名號。廈門港山上的會福宮，供奉池府王爺、安建王爺、蔡府王爺、金府王爺、俯駕王爺。五府王爺神在臺灣也非常興盛，但是在海南島很不突出。海南的漢語方言主要是宋元閩南移民帶來的閩語，說明宋元時期五府王爺神尚未在閩南興起，很可能是明代才從福州傳入閩南，明清才在閩南興盛起來。

廈門港會福宮金府王爺、俯駕王爺

第六節　越人的水生動物崇拜

古代越人崇拜的水生動物，除了上述的龍（鱷魚、蜥蜴）、蛇、猿猴、水獺、白鷺等，還有一些其他動物。

一、魂瓶上的冥界水族

魏晉時期江南流行一種喪葬用品魂瓶，陳嘉庚捐贈給廈門華僑博物院的一件魂瓶，應該是一件魂瓶的上方殘件。這件魂瓶上有碑刻的小雕塑，碑文是：「出始寧，用此喪葬，宜子孫，作吏高遷，樂眾無極。」始寧縣是漢順帝永建四年（129 年）設立，在今浙江上虞南部和嵊州北部，反映東漢浙東的經濟發展。

魂瓶的上方一般有多個小瓶，上面常見的是尖帽胡人形象，其實展示西天世界的景象。魂瓶最上方常見鳥類，應該是指飛向天堂。很多人從中國傳統中尋找魂瓶的由來，還有人誤稱為穀倉罐，其實早期魂瓶上方是五個小瓶，西晉中期才變成以建築為主，而且這些建築也不是穀倉的樣子。還有人從漢代的五聯罐尋找魂瓶的由來，我認為也不正確，因為漢代一些五聯罐是平行的五個罐，而不是上下疊加。

　　上海博物館藏的一件孫吳婺州窯魂瓶，上方的小瓶變成一個神像，手捧
一個死屍，證明魂瓶是喪葬用品。這種造型的魂瓶，有人誤以為是大人手抱
嬰兒，但是觀察其相貌和身體比例，顯然不是嬰兒。

上海博物館藏孫吳　　　　　　　西晉魂瓶

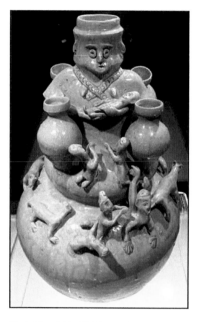 

　　我認為魂瓶的造型來自西域，因為伊朗更早出現這種造型，下圖有日本
藝術家平山郁夫收藏的一件伊朗青釉多連壺，造型非常類似魂瓶。可能正是
因為來自西亞，所以魂瓶上面才常見西亞尖帽胡人形象。因為浙東有海路的
便利，所以在東漢時期就有胡人前來經商，帶來了西域的宗教和器物。他們
帶來的宗教不僅有佛教，應該還有拜火教等西亞宗教。魂瓶上的胡人有樂舞、
祈禱等形象，有學者認為是從事喪葬儀式，〔註27〕我認為合理。

　　有人認為晉代福建的五聯罐減少繁雜的堆塑，又回復到了早期的簡單形
態，我認為這不是回復，而是保持原有形態，因為繁雜的形態是在浙江出現。
唐宋時期的五聯罐風格衰退，演變為龍泉窯的多管瓶、多角瓶。有人認為蟠
龍或龍虎堆塑瓶，也是從五聯罐演變而來。

〔註27〕賀雲翔：《中國南方早期佛教藝術初探》，《東南藝術》1991 年第 6 期。梅依潔：
　　　　《浙東地區出土吳晉時期魂瓶上的胡人形象及其相關問題》，《中國港口》增
　　　　刊《中國港口博物館館刊專輯》2018 年第 1 期。

　　台州博物館藏的一件東漢魂瓶上，造型很特殊，上方和下方不是罐，而是缽，中間是一個圓柱，這是一種變異。還有很特殊的堆塑，一些人似乎向下潛水，下面還有類似鱷魚的水生動物，這顯然是展示古代台州人心目中的黃泉冥界。南京上坊孫吳墓出土孫皓鳳凰元年（272 年）的魂瓶，下部的器身還有螃蟹的貼塑。因為浙東人熟悉海洋，所以塑造出一些海洋動物。台州在寧波、紹興的南部，是胡人的必經之處。

　　浙江上虞出土的一件魂瓶，上方是五個小瓶，下方分成兩層，上方有鳥，中間有烏龜，下方有熊，這是代表天界、大地、冥界。寧波出土的一件魂瓶，造型比較粗糙，缺少了一層，鳥和龜被混合在同一層。

陳嘉庚捐贈的始寧縣造魂瓶

平山郁夫藏伊朗 1～3 世紀
多連壺

寧波博物館藏寧波出土東漢
魂瓶

浙江博物館藏上虞出土魂瓶

台州出土東漢魂瓶

二、青蛙崇拜

宋代方勺《泊宅編》卷七：「山間小青蛙一名青鼃，飛走竹樹上如履平地。與葉色無別，每鳴，則雨作。又一種褐色而澤居，名旱渴，晴則鳴，鄉人以此卜之。」因為青蛙能預報下雨，所以越人崇拜青蛙。

壯語的青蛙是 kop，蛤的上古音是見母緝部 kəp，讀音接近，是同源字。韓愈記載潮州飲食的《初南食貽元十八協律》詩云：「蛤即是蝦蟆。」蛤是他在潮州聽到的越人語言音譯，不過漢語的蝦蟆 hama 也是讀音接近的同源字，因為 p 和 m 接近，k 和 h 接近。

很多百越族群崇拜青蛙，廣西東蘭縣的壯族甚至有祭祀青蛙的節日螞拐節，螞拐即青蛙。有的地方是正月初一，人們把青蛙裝入竹筒，巡遊村寨。正月十五，人們在青蛙墳前豎起彩幡，擺上祭品，敲鑼打鼓，祈盼來年風調雨順。這種青蛙崇拜，應該是源自青蛙作為雨神。也有在二月舉行，總之都在春耕之前。有的地方還挖出青蛙墳中去年的青蛙，看其骨頭顏色，預言今年的豐歉。很多百越族群的歌曲和傳說中，都有青蛙。天峨、南丹等地的壯族，還穿上模擬青蛙的服裝，或在身上畫上模擬青蛙的花紋，模擬青蛙的聲音動作，唱歌跳舞，祭祀青蛙。廣西很多地方的傳說中，青蛙還能打敗敵人。有些地方嚴禁隨意捕殺青蛙，可能因為青蛙捉殺稻田的害蟲。青蛙體內有很多寄生蟲，很容易使人感染生病，可能也是一個原因。

陝西洋縣范壩村出土的一件商代晚期的青銅鉞中間有一個鏤空的青蛙，洋縣在漢水流域，靠近越地。上文已經論證上古的漢水中游就有越人，所以這件文物應該看成是百越文化的物品。陝西鳳翔縣秦國最重要的都城雍城瓦當上的野獸花紋，以各種猛獸為主，但是出現了青蛙。

遼寧省阜新市 7000 年前的查海遺址出土的一件陶罐上有蛇、蛙堆塑，還出土了一件碎陶片上的長條形有鱗動物紋，似乎是龍或蛇。

陝西洋縣出土的蛙鉞　　　　遼寧阜新出土的蛇蛙陶罐

遼寧阜新出土的龍蛇紋陶片

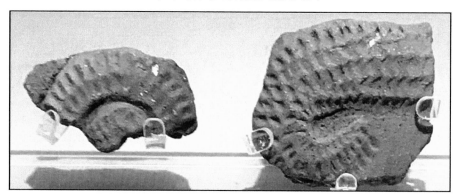

　　浙江越窰從東漢到北宋都有蛙形的水盂、硯滴，還有瓷器上有蛙形貼塑，
明代景德鎮也有青蛙形水注。〔註 28〕

　　上文講過重慶和貴州的南平獠，綦江博物館館長周鈴在郭扶鎮雙河塘的
東漢靈帝光和四年（181 年）崖墓發現青蛙岩畫，青蛙和兩旁的鳥、人同樣高
大，印證越人的青蛙信仰。

〔註 28〕　王曉妍：《越窰蛙蟾形器物美學特徵解讀》，《中國港口》增刊《中國港口博物
　　　　　館館刊專輯》2016 年第 2 期。

鳳翔秦雍都蛙紋瓦當

大理清代蟾蜍型香爐

綦江漢代崖墓青蛙岩畫

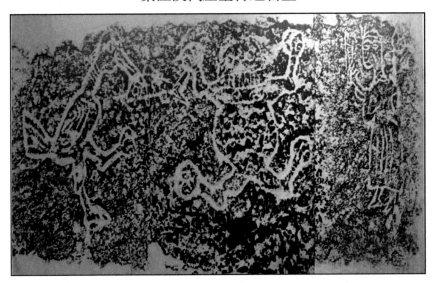

　　海南島黎族的黎錦上，蛙紋是重要圖案，據前人統計 531 種黎錦紋樣中，蛙紋有 100 種。〔註29〕

　　古代越人的很多銅鼓和器物上都有青蛙，因為青蛙的叫聲大，所以出現在銅鼓上，《嶺外代答》卷七描述廣西銅鼓：「面有五蟾，分據其上，蟾皆累蹲，一大一小相負也……大者闊七尺，小者三尺，所在神祠佛寺皆有之，州

〔註29〕孫海蘭：《黎錦蛙紋的生殖崇拜研究》，王獻軍、藍達居、史振卿主編：《黎族的歷史與文化》，暨南大學出版社，2012 年，第 328～338 頁。

縣更用以為點。交阯常私買以歸，復埋於山，未知其何義也。」可見越人的
習俗和佛教、官府融合很深。

　　下圖的兩種銅鼓都是湛江博物館收藏，該館另藏很多北流型和靈山型銅
鼓，有 1975 年高州縣東岸鄉出土的北流型四蛙銅鼓、1976 年信宜縣宜東鎮尚
文村出土的北流型四蛙銅鼓、高州縣出土的北流型五蛙銅鼓、信宜縣池洞鎮
出土的北流型四蛙銅鼓、1986 年吳川縣梅菉鎮徵集的北流型四蛙銅鼓、1963
年合浦縣出土的北流型四蛙銅鼓、1965 年高州縣福芳鄉出土的靈山型六蛙銅
鼓、1964 年廉江縣出土的靈山型六蛙銅鼓。

1976 年廣東信宜縣衫木塘出土北流型四蛙銅鼓

廣西欽州出土靈山型五蛙銅鼓

廣東省博物館藏有雲浮出土的漢代四蛙盤口鼎，在鼎身周圍有四個青蛙的樣式很有越人特色。

雲浮出土的四蛙鼎

三、黿、蚶、魚崇拜

福建尤溪縣虎跳潭龍神廟，南宋高宗紹興二十年（1150 年）建，二十二年賜號澧澤廟。祭祀白頭龜，禱雨如響，顯然是黿。黿最大可達 100 公斤，

歷史上在東亞和東南亞分布很廣，現在已經瀕臨滅絕。謝肇淛《五雜組》卷九：「殺鼁，割肉懸桁間，見無人便自垂至地，聞人聲即縮。鼁肉熬。而留腸屬於首，數日不死，烏攫之，反為所齧，南人無食之者，乃子公以為異味，何也？廣陵沙岸上，有水牛偃曝，一鼁大如席，闖出水際，潛往牛所。牛覺，亟起環行，出其後，奮角抵之，鼁即翻身仰臥，不能復起，為濱江人擊殺之。古有相傳，水牛咬蛟，當不虛也。儀真人有網而得鼁者，擊其足，置豕圈中，將烹之。入夜，有虎入圈，以為豕也，搏之，為鼁所齧，至死不放。虎創甚而伏，比明，眾至，格殺虎。以鼁為有功，放之於江焉。鼁鼀皆能魅人，《河東記》載元長史事甚詳。又唐開元中，敦煌李鷁過洞庭，衄血沙上，為鼁所舐，遂化為鷁形。與其家人赴任，而鷁反被鼁禁制水中。如是數年，遇葉法善，問其故，乃飛石往擊其鼁，鷁始得生。故今舟行相戒不敢瀝血水中，雜劇載鯉魚精事，與此相似。」

　　莆田縣的大蚶濟王廟，供奉瓦屋狀物，傳聞是乘潮而來，商船往來必禱。顯然是供奉大蚶，也即硨磲，其外殼起伏，如同屋頂。今天莆田的涵江區，原名應是蚶江。硨磲被佛教徒看成七寶之一，寧波天封塔地宮出土一件南宋佛教徒供奉的硨磲殼，上面用朱砂寫明諸多供養人的名字。

　　古人還會用鰻魚、蜥蜴求雨，大概都是因為這些動物的樣子像龍。鰻魚求雨的風俗似乎主要分布在浙江，北宋彭乘《續墨客揮犀》：「越州應天寺有鰻井……凡鰻出遊，越中必有水旱疫癘之災，鄉人常以此驗之。」秦觀《淮海集》寶林禪院：「山上有鰻井，歲旱，禱雨輒應。」南宋寧波地方志寶慶《四明志》記載鄞縣的廣利寺，井中的靈鰻：「邦人禱雨必應之。」湖州地方志嘉泰《吳興志》精舍禪院井：「中有靈鰻……俗呼為鰻菩薩。井殊靈異，水旱如禱，即見井面。」杭州地方志咸淳《臨安志》無相寺：「有靈鰻池，熙寧七年，久旱，郡守沈起禱之，至晚大雨。」宋代舒亶《題靈鰻廟三首》、范成大《鰻井》、劉學箕《鰻井》、施樞《鰻井》、衛涇《鰻井》、林景熙《寶林寺鰻井》、李覯《和育王十二題‧靈鰻井》、陳造《喜雨二首》、陸游《雜興》等很多詩歌，都寫到鰻魚求雨。咸淳《臨安志》記載富陽縣靈巖山：「岩下有沼，四時不枯，遇旱祈求，擊鼓鳴鐃，其水漸至，時現諸物，或鰻、鱓、龜、魚、蜥蜴之類，取而禱之，無不立應，歷歲綿遠，感應如初焉。」〔註30〕

〔註30〕錢鈺、白莉：《宋代「以鰻祈雨」習俗成因分析》，《地方文化研究》2017年第5期。

寧波天封塔出土南宋佛教徒供奉的硨磲

宋代劉斧《青瑣高議》後集卷三說嘉祐年間，廣州漁人捕獲一頭百斤大魚，人面龜身，腹有數十足，背部似鱉，自稱是龍之幼妻，被蔣慶放生。南海神廣利王所以感謝官軍，幫助剿滅儂智高軍隊。從描述來看，似乎是鱟，鱟殼上的花紋看上去類似人面。

我曾經考證古代文獻中的皇帶魚，很可能是海神鰍王、白鱔王、白龍王的由來。〔註 31〕弘治《八閩通志・山川・鱔溪》說閩越王第三子號稱白馬三郎，射殺鱔溪的大鱔，反被鱔尾纏死，因而被人祭祀，我認為這很可能源自越人的白鱔王（皇帶魚）崇拜。

沿海還有一些廟宇，用擱淺死亡的鯨魚骨頭作為建材，或者祭祀海中的大魚。金門島東南角的料羅村有三魚王公廟，傳說是因為三位村民食用了擱淺的大魚而死，因而祭祀。

這些廟宇都反映古人對自然萬物的敬畏，有些廟宇被漢化的越人保存下來，現在看來仍有一定意義。

四、象牙驅龍器

上海青浦區福泉山遺址出土了一件奇怪的良渚文化象牙器，現收藏在上海歷史博物館，用整根象牙雕刻，造型非常罕見，下方有一個圓柱體，花紋非常精細，從上到下都有良渚文化常見的神面，但是最下方有兩處對稱的鳥紋。這件器物不像越人的鳥首杖把鳥放在最上方，也不是權杖的造型，因此我認為這不是前人所認為的權杖，而應有其他用途。

〔註 31〕周運中：《鄭和下西洋續考》，花木蘭文化事業有限公司，2019 年，第 146～151 頁。

　　我認為這件奇怪的器物，可能是古人驅趕鱷魚的器物，《周禮‧秋官‧壺涿氏》：「壺涿氏掌除水蟲，以炮土之鼓驅之，以焚石投之。若欲殺其神，則以牡橭午貫象齒而沈之，則其神死，淵為陵。」東漢鄭玄注：「神，謂水神龍、罔象。故書橭為梓，午為五。杜子春雲，梓當為橭，橭讀為枯，枯，榆木名。書或為樗。」唐代孔穎達疏：「以象牙從橭貫之為十字，沈之水中，則其神死，淵為陵，所謂深谷為陵是也。」

　　古人驅趕水神，所謂龍就是鱷魚，用象牙穿過木頭，殺死鱷魚，把沼澤排乾，堆成土丘。福泉山的這件象牙器很可能是模仿驅趕水神的器物，下方的圓柱體原來是人手握住的木頭，但是木頭容易腐爛，所以被做成象牙材質，被當成貴族的神器，而不是實用器。雖然不是實用器，但是我們看到其上方還有曲折，顯然是刺殺動物的倒鉤。

　　青浦在上海的西部，湖沼非常密集，比其東部的古代沿海沙岡也即貝殼堤地勢還低。上古青浦的鱷魚更多，但是古人為了食用水族的便利，還想住在此處。因為鱷魚更多，所以有必要驅逐鱷魚。這件器物在良渚文化的核心地浙江餘杭反而未有發現，可能就是源自青浦這樣的湖沼地域。用象牙驅逐鱷魚，源自古人看到鱷魚不能侵犯大象，象牙很長，所以用象牙在身體前方揮舞，也很容易躲避鱷魚的撕咬。

上海福泉山出土的良渚文化象牙器與下方的放大圖

　　古人殺死鱷魚，還要把湖沼堆成土丘。《山海經・大荒北經》：「共工之臣名曰相繇，九首蛇身，自環，食於九山。其所歍所尼，即為源澤，不辛乃苦，百獸莫能處。禹湮洪水，殺相繇，其血腥臭，不可生穀。其地多水，不可居也。禹湮之，三仞三沮，乃以為池，群帝因是以為臺。在崑崙之北。」大禹殺死沼澤中的水蛇，把沼澤堆成土臺。雖然是在《大荒北經》，故事的地點是在北方，但是做法和南方一樣，可能這種做法在北方也有，也可能因為《山海經》的作者是南方人，至少大禹是中原人，則這個故事還是帶有中原的色彩。

　　古代上海的沼澤還有很大的蟒蛇，可能也是古人要制服的水神之一。東晉干寶《搜神記》卷二十：「吳郡海鹽縣北鄉亭里，有士人陳甲，本下邳人。晉元帝時寓居華亭，獵於東野大藪，歘見大蛇，長六七丈，形如百斛船，玄黃五色，臥岡下，陳即射殺之。」華亭東部的沼澤就在今天的青浦區，岡就是海岸的沙岡。直到東晉還有大蟒，上古更多。

　　這件象牙器令人想到上古的重要禮器璋，又名牙璋，前身是大汶口文化的獐牙勾形器，在木棒的上方插入兩個獐牙。演變為禮器後，變成全玉材質，上方的獐牙變成突出的尖角，下方突出的小齒是模仿原來綁在木棒上的繩子。獐牙勾形器最早出現在邳縣（今邳州市）大墩子等遺址中，在今江蘇省北部，因為此地的鱷魚、大蟒、大象已經遠比江南稀少，所以我認為江南的象牙器很可能在此縮小了外形，又改用獐牙，但是造型基本不變，仍然是獸牙插入木棒。獐是一種體型較小的鹿，沒有神奇的本領和高強的武力，但是古人如此崇拜，很可能因為百越語的象讀作 sang 或 zang，傳到江北，就用讀音接近的獐牙來代替象牙。夏商周時期，璋在中原禮器中的地位很高，又因為中原王朝的軍事擴張而傳到四方，南方遠到香港和越南，北方遠到陝北高原的神木縣石峁古城。1990 年香港南丫島大潭的商代遺址發現一件石牙璋，1997年廣西那坡縣感馱岩遺址出土了廣西最早、最小的骨質牙璋，東南亞的 23處遺址發現了 150 件牙璋。璋是古代的常用字，近代以來的掌字地位明顯衰落。

　　內蒙古、遼寧的紅山文化有一種玉器，上方有兩個尖角，下方有，我認為這顯然源自南方的璋。

陝西神木縣石峁古城出土的牙璋

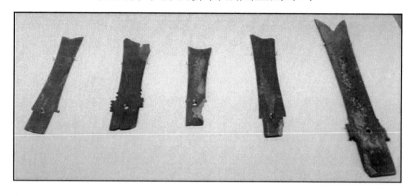

香港南丫島出土的商代牙璋　　　廣西那坡縣出土骨質牙璋

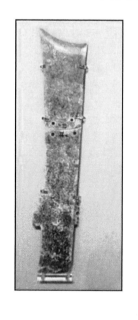
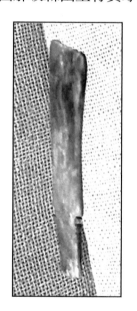

五、紅山文化玉器與海洋文化

　　事實上，紅山文化的很多玉器都是源自南方，不過因為距離太遠，所以產生一些變異。比如一種所謂勾雲紋玉器，其實是玉龜的變形，凌源縣牛河梁遺址出土了紅山文化玉龜。其實紅山文化中的海洋文化因素很多，比如一種所謂的斜筒形玉器，前人不能解釋其由來，我認為這顯然源自一種造型極其類似的陶器，而這種陶器顯然是模仿牡蠣殼。天津歷史博物館藏有一件紅山文化的黃玉器，前人稱為獸角形，我認為是海螺形。

天津歷史博物館藏紅山文化變形的玉璋和玉龜

天津博物館的紅山文化螺形玉飾

遼寧博物館藏牛河梁出土紅山文化玉龜

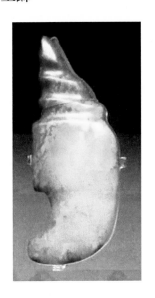

紅山文化牡蠣殼形陶器（凌源牛河梁）

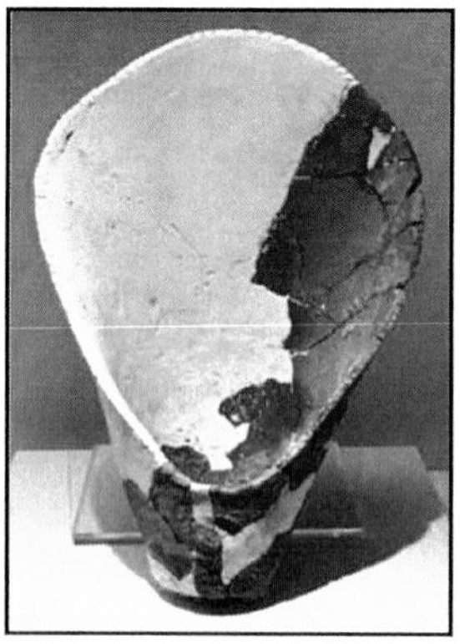

紅山文化牡蠣殼形陶器（瀋陽新樂出土）

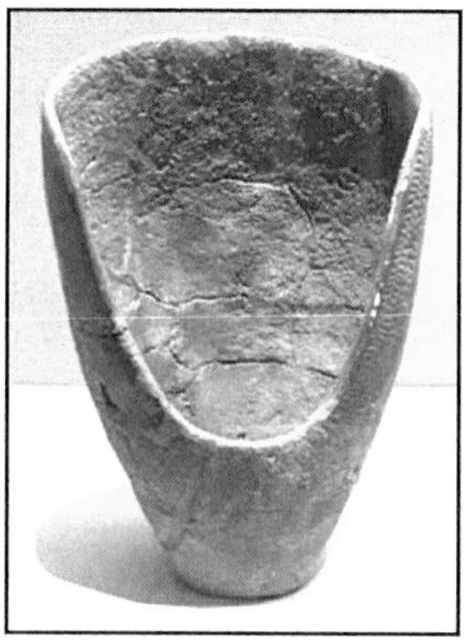

玉器（牛河梁出土）

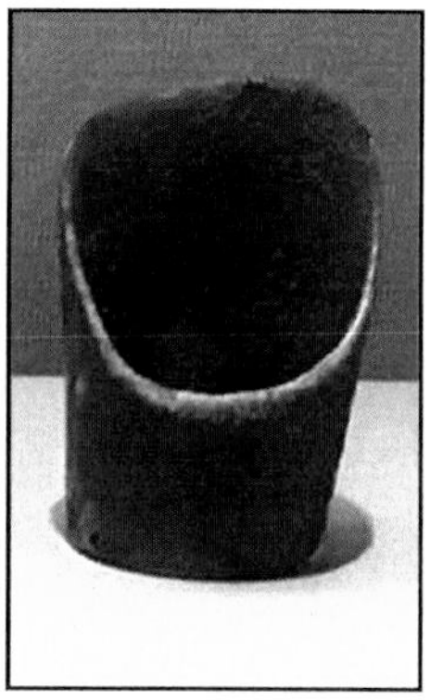

紅山文化還有一種獸面紋玉器，也被一些人誤稱為勾雲形玉器，這種獸面非常類似良渚文化玉器上的獸面，應該是來自南方。我還曾經論證，紅山文化最著名的玉龍，很可能也是源自南方的鱷蜥。〔註 32〕紅山文化的玉人等器物和安徽含山縣凌家灘遺址出土的玉人等器物非常類似，學界已經肯定兩地之間有密切交流。如果我們比較紅山文化的玉人和安徽凌家灘的玉人可以發現，凌家灘的玉人造型更加生動，紅山文化的玉器造型可能有很多來自南方。

紅山文化的中心雖然在今內蒙古赤峰，但是東南到大海的距離很近，所以帶有濃厚的海洋文化色彩。遼寧省喀喇沁左翼蒙古族自治縣南洞溝的春秋時期墓地，出土的三件青銅小鰩魚在古代器物中非常罕見。

遼寧省博物館藏紅山文化獸面玉器

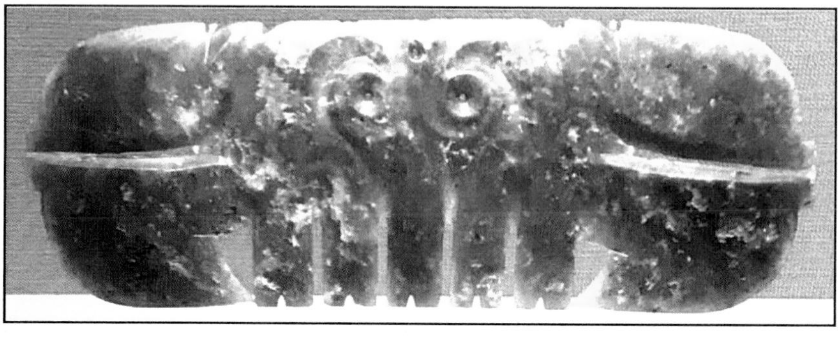

〔註 32〕周運中：《九州考源》，第 207 頁。

良渚文化玉器上的神巫和獸面紋〔註33〕

遼寧喀左縣出土的青銅鯢魚

第七節　越人的飲食文化

古代越人的飲食文化，對今天的漢族飲食文化乃至世界的飲食文化都產生了重要影響。

〔註33〕浙江省博物館編：《史前雙璧》，第112頁。

一、仡佬族的食品

仡佬族在歷史上的地域不僅很大，而且對人類文明的作用很大。我認為仡佬族最早發明了膠水和米糕，還把茶從雲南東傳。

膠、糕的上古音都接近仡佬。膠的上古音是 gao，其實應該是 glao，因為膠的繁體字是膠，聲旁是翏，而廖、蓼的讀音是 liao 而不是 jiao，說明膠、廖、蓼等字的上古音是複輔聲母的 glao，這就和仡佬的讀音完全一致。更令人驚奇的是，今天英語的膠水是 glue，讀音也非常接近，說明西方的膠水也是源自東方。最早的膠水一定來自熱帶，因為最早的膠水源自天然的樹膠或紫膠蟲，這是熱帶才有的物品。

糕的讀音也非常接近仡佬，糕也是中國西南民族發明，前人早已指出糯米類的食品分布在西南到泰國、東北到日本的廣大地域，中心在雲貴高原。〔註34〕我認為從糕的讀音就可以判斷，糕源自仡佬族。現在糕的分布地域包括江蘇、浙江、安徽、江西、湖南、湖北、福建、廣東等，都是歷史上越人的分布地域。現在江蘇的米餅，有米麵餅、米飯餅、米攤餅等名字，又圓又薄，但這是在經濟發達區域被改進外形的食品，其源頭顯然在西南。因為西南很多地方的米餅不是渾圓雪白，我在重慶黔江看到的米餅近乎圓形，比較厚實，中間高出，保存餅和糕之間的一種形態，這是較為原始的狀態，當地有很多土家族、苗族。我在馬來西亞吉隆坡華人聚居的茨廠街看到的米餅，非常類似江浙的米餅，也是又圓又薄，一面炕成焦黃，另一面白色，應該是從中國東南沿海傳到馬來西亞。但是在馬來西亞又加入了椰汁，出現了新的變化。現在閩南和潮汕流行的粿，其實就是糕，性質相同，讀音接近。

北方人過年吃餃子，南方人過年吃年糕，過年吃年糕的最北界在江蘇省的淮河一線，鹽城人過年自己在家製作年糕，鹽城以北的阜寧縣製作雲片糕，稱為大糕，再北的濱海縣人過年仍然要吃阜寧縣的大糕，平時也經常吃糕。淮河以北的年糕風俗逐漸消失，平時也較少吃糕。

皋蘆、拘羅音近仡佬，《太平御覽》卷九九八引《南越志》曰：「龍川縣有皋蘆草，葉似茗，味苦澀，土人以為飲。今南海謂過羅，或曰拘羅。」這是一種茶，因為從仡佬族東傳到廣東，所以稱為仡佬（皋蘆、拘羅）。

〔註34〕〔日〕佐佐木高明著、汪洋、何薇譯：《何謂照葉樹林文化——發端於東亞森林的文明》，貴州大學出版社，2017 年，第 31～43 頁。

重慶的米餅　　　　　　馬來西亞華人的米餅

二、東南沿海越人的飲食風俗

江浙越人的飲食風俗留在現代漢族之中，唐代段成式《酉陽雜俎》續卷八：「鯸鮐魚，肝與子俱毒。食此魚必食艾，艾能已其毒。江淮人食此魚，必和艾。」應即河豚，現在江蘇沿江多有吃河豚的風俗。明代謝肇淛《五雜組》卷九：「河豚最毒，能殺人……而三吳之人以為珍品。」《酉陽雜俎》卷十七說閩嶺人重鱟子醬，現在浙東人仍然喜歡吃鱟。明末清初李鄴嗣《鄮東竹枝詞》說寧波東部的漁民很多是台州、溫州人，被稱為草南。海船缺乏蔬菜，寧波人用蔬菜換海味，有蟹醬和醃魚。浙東沿海的漁民不做魚丸，保留僅吃鮮魚的習俗。更南部的福建、廣東人喜歡做魚丸，這種風俗應該來自冬天河湖結冰的江淮。

宋代的江西飲食還很駁雜，類似現代的嶺南，源自越人。莊綽《雞肋編》卷下：「信州冬月，又以紅糟煮鯪鯉肉賣。鯪鯉，乃穿山甲也。」李綱《代簡謝載仲弟惠黃雀牛尾狸、柑子》詩云：「南昌珍品誇牛尾，肥膩截肪玉堪比。」那時的江西人還吃牛尾狸（果子狸），現代這種風俗主要在廣東。

周去非《嶺外代答》卷七《異味》：「深廣及溪峒人，不問鳥獸蛇蟲，無不食之。其間異味，有好有醜。山有蝯，名蟄竹，有鼠名鸚鵒，鸒之足，臘而煮之，鱘魚之唇，活而臠之，謂之魚魂，此其至珍者也。至於遇蛇，必捕，不問短長。遇鼠必執，不別小大。蝙蝠之可惡、蛤蚧之可畏、蝗蟲之微生，悉取而燎食之。蜂房之毒、麻蟲之穢，悉炒而食之。蝗蟲之卵、天蝦之翼，悉鮓而食之。」深廣即嶺南的山林深處，主要是未漢化的溪峒人也即越人居地。

　　韓愈《初南食貽元十八協律》說他在嶺南首次吃到蛇、鱟、蠔、蒲魚、蝦蟆，另有數十種食品令人驚歎。韓愈又說唐代的潮州菜調以花椒和鮮橙，這類似今天的廣西菜，源自越人特色。他的《答柳柳州食蝦蟆》詩，說他吃蛤蟆時：「余初不下喉，近亦能稍稍。」現在潮州已經改說閩南語，但是潮州人的飲食還是帶有廣東風味，還有老香黃、老藥桔等很多閩南罕見的食品。潮汕有鱟粿，稱粽子為粽球，粽子不是球的形狀，很可能因為潮汕的粽子最初不是稜角分明，保持粽子早期的多樣性。

　　明代謝肇淛《五雜組》卷九：「南人口食，可謂不擇之甚。嶺南蟻卵、蚺蛇，皆為珍膳。水雞、蝦蟆，其實一類。閩有龍虱者，飛水田中，與灶蟲分毫無別。又有泥筍者，全類蚯蚓。擴而充之，天下殆無不可食之物。」泥筍即海塗中的土筍、沙蟲，白色、細長，類似竹筍。沙蟲有很多種，其實營養豐富。既然南方的物種非常豐富，南方人本來就不應該挑食。

　　今天廣西有一種米粉，刻意模仿蟲子的形狀，稱為粉蟲，雖然基本是白色，但是店家會特地做幾個紅色的或黃色的放在最上方，這是模仿蟲子的顏色。顯然是因為越人原來喜歡吃蟲，所以不害怕蟲形食品。今天東南亞的吃蟲之風更盛，但是因為今天的廣西已經漢化，所以不再放真的蟲。因為是用米粉模仿蟲，故名粉蟲而不是蟲粉。浙江台州沿海多蝦，在其內陸不靠海的地方會用麵粉做一種麥蝦，所以南寧的粉蟲也可能是模仿沿海的沙蟲。人類學家指出，熱帶民族包括人類的祖先喜歡吃各種昆蟲，高緯度地帶的民族有充足的大型脊椎動物，所以不喜歡吃昆蟲甚至厭惡昆蟲。〔註35〕

　　西晉張華《博物志》：「東南之人食水產，西北之人食陸畜。食水產者，龜蛤螺蚌以為珍味，不覺其腥臊也。食陸畜者，狸兔鼠雀以為珍味，不覺其羶焦也。」其實南方人也吃狸兔鼠雀，但是內陸人覺得覺得海鮮很腥，而沿海人不喜歡吃淡水魚。

　　古代的漢人到了南方，寫出很多異物志，記載了很多南方食品，比如東漢楊孚《交州異物志》、孫吳萬震《南州異物志》、沈瑩《臨海水土異物志》、晉代嵇含《南方草木狀》、唐代劉恂《嶺表錄異》、孟琯《嶺南異物志》及唐代《鬱林異物志》等。沈瑩的書以海鮮為主，古代東南人的海洋動物圖書還有明代鄞縣（今寧波）人屠本畯《閩中海錯疏》、清代侯官（今閩侯）人郭柏

〔註35〕〔美〕馬文・哈里斯著、葉舒憲、戶曉輝譯：《好吃：食物與文化之謎》，山東畫報出版社，2001年，第169～191頁。

蒼《海錯百一錄》、錢塘（今杭州）人聶璜《海錯圖》，我將在另書考證其中一些動物。嵇含等人的書中記載的生物，我已有一些考證。〔註36〕

汕頭的各種粿和蠔粿店

<table>
<tr><td align="center">廣西南寧的粉蟲</td><td align="center">防城港的沙蟲</td></tr>
</table>

〔註36〕周運中：《道士開闢海上絲綢之路》，第108～頁。

三、南方飲食的北傳

漢代南方和膠東人的飲食比中原人好，《鹽鐵論》卷一《通有》：「江、湖之魚，萊、黃之鮐，不可勝食，而鄒、魯、周、韓，藜藿蔬食。」江、湖指長江中下游，萊（今萊州）、黃（今龍口）在膠東半島，中原人很少吃到魚和肉。戰國時齊國孟嘗君的封地在內陸的薛縣（今滕州），門客吃不到魚。《孟子·梁惠王上》：「雞豚狗彘之畜，無失其時，七十者可以食肉矣！」黃河原來是散流入海，但是齊、趙、魏三國爭搶黃河各河道之間的灘地，改為良田，《漢書·溝洫志》賈讓說：「蓋堤防之作，近起戰國，雍防百川，各以自利。齊與趙、魏，以河為竟。趙、魏瀕山，齊地卑下，作堤去河二十五里。河水東抵齊堤，則西泛趙、魏，趙、魏亦為堤去河二十五里。雖非其正，水尚有所游蕩。時至而去，則填淤肥美，民耕田之。或久無害，稍築室宅，遂成聚落。」中原人口太多，必然要爭奪荒地，大量河湖被改為田地，導致中原人吃不到水鮮和乳肉，缺乏優質蛋白攝入，生活條件持續惡化。

司馬遷《史記·貨殖列傳》：「夫自鴻溝以東，芒、碭以北，屬巨野，此梁、宋也……雖無山川之饒，能惡衣食，致其蓄藏。」而楚越之地：「果隋蠃蛤，不待賈而足，地埶饒食，無飢饉之患。以故呰窳偷生，無積聚而多貧。是故江淮以南，無凍餓之人，亦無千金之家。沂、泗水以北，宜五穀桑麻六畜，地小人眾，數被水旱之害，民好畜藏，故秦、夏、梁、魯好農而重民。」漢代的南方以越人為主，衣食無憂，不喜歡積聚財富，類似今天熱帶的南洋人、印度人、拉美人。漢代的中原人因為資源匱乏，喜歡積聚財富。現在中國南方已經漢化，華南的漢人遷到南洋，喜歡積聚財富，這是古代中原漢人的風俗。

漢武帝南平百越，北方平民也能吃到很多橘子和柚子，《鹽鐵論》卷三《未通》：「孝武皇帝平百越以為園圃，卻羌、胡以為苑囿，是以珍怪異物，充於後宮……而民間厭橘柚。」中原環境的惡化是中原王朝南征的內部動力，越地豐富的資源是中原王朝南征的外部動力。

東漢楊孚《交州異物志》描述橘樹，交趾郡（在今越南）有橘官為皇家貢橘，秩三百石，級別較高，證明此時中原人還不熟悉橘樹。《三國志》卷四九《士燮傳》記載士燮進貢給孫權的嶺南異果有蕉、邪（椰）、龍眼之屬，確實不包括橘、柚。孫吳萬震《南州異物志》記載的食品有椰樹、甘蔗、摩廚和多種香料，摩廚來自斯調國。法國著名學者費琅（Gabriel Ferrand）指出摩

廚即爪哇的木橘（maja）樹，葉調即爪哇。〔註37〕如果是斯調，則是斯里蘭卡。《太平寰宇記》卷一六四康州土產：「荊楊樹，一名豕樹，皮白，味如脂。《異物志》云：斯調州有木名摩樹，汁如脂。」瀧水縣：「有樹冬榮，子曰豬肪，大如杯，其肉如肪，炙而食之，其味似豬肉而美焉。」瀧水縣在今廣東羅定，證明宋代之前已移植木橘樹，但是今天的華南人似乎仍然不熟悉木橘。

稽含《南方草木狀》記載的食物，有甘蕉、豆蔻、甘藷（薯蕷）、蓽撥（胡椒）、留求子、甘蔗、草麴酒、蕪菁、茄樹、蕹菜（空心菜）、椰、益智子、訶黎勒、檳榔、荔枝、楊梅、橘、柑、橄欖、龍眼、海棗（椰棗）、鉤緣子（香櫞）、五斂子（楊桃）、庵摩勒（余甘子）、石栗、人面子。海南島人以甘藷為主食，所以比較長壽。交趾人用甘蔗造糖，稱為石蜜，用銀碗貢給孫亮。銀碗是波斯人常用的器物，西漢的廣州南越王墓和江蘇的江都王墓都有發現。橄欖在吳、晉都是貢品，孫吳的龍眼、荔枝還輸入中原，魏文帝曹丕也吃到這些水果。胡椒、訶黎勒的原產地在印度，海棗來自西亞，西晉武帝司馬炎太康二年（281年）交州（在今越南）貢豆蔻一筐，太康五年（284年）林邑國（在今越南）貢海棗百枚，大秦國貢鉤緣子十缶，大秦是羅馬，此處是指大秦商人帶來。南海郡、交趾郡的留求子很可能來自流求（今臺灣），相傳因為唐代的潘州刺史郭使君用以治療蛔蟲，因而又名使君子。

今天大陸香蕉的產地最北部到閩南，龍眼最北部到福州和四川，甘蔗最北部到浙江和四川，這些水果和茄子等蔬菜、胡椒等香料現在已經在北方流行。檳榔曾經是江南、四川、福建、嶺南的流行水果，今天吃檳榔的習俗已經退縮到海南和臺灣。清代臺灣羅漢腳械鬥之前，還一起吃檳榔，廈門人林樹梅在臺灣寫的《臺陽竹枝詞》詩云：「閩兄羅漢滿街坊，自詡英雄不可當。與己無仇偏切齒，殺身輕易為檳榔。」注：「閩兄、羅漢腳皆惡少也，每睚眥微隙，輒散檳榔，一呼哄集，當衢械鬥。」〔註38〕

清代臺灣的仙草凍在福建還很少見，所以從福建來的林樹梅《臺灣感興》詩云：「六月不寒仙草凍。」注：「土產仙草，煮汁如冰，食可解暑。」〔註39〕

〔註37〕〔法〕費瑯：《葉調斯調與爪哇》，《西域南海史地考證譯叢》第二編，商務印書館，第96～104頁。

〔註38〕〔清〕林樹梅撰、陳國強校注：《嘯雲詩文鈔》，廈門大學出版社，2013年，第239頁。

〔註39〕〔清〕林樹梅撰、陳國強校注：《嘯雲詩文鈔》，第202頁。

現在臺灣的仙草凍已經傳到北方很多地方，不過東南沿海有些地方可能在近代已經傳入仙草凍，民間很早就會製作。

北宋歐陽修《初食車螯》詩云：

> 累累盤中蛤，來自海之涯。坐客初未識，食之先歎嗟。
> 五代昔乖隔，九州如剖瓜。東南限淮海，邈不通夷華。
> 於時北州人，飲食陋莫加。雞豚為異味，貴賤無等差。
> 自從聖人出，天下為一家。南產錯交廣，西珍富邛巴。
> 水載每連舳，陸輸動盈車。溪潛細毛髮，海怪雄鬚牙。
> 豈惟貴公侯，閭巷飽魚蝦。此蛤今始至，其來何晚邪。
> 螯蛾聞二名，久見南人誇。瑞璨殼如玉，斑斕點生花。
> 含漿不肯吐，得火遽已呀。共食惟恐後，爭先屢成嘩。

歐陽修認為五代的中原人吃得很差，雞肉和豬肉也被看成美味。直到北宋，南方的魚蝦貝蟹才大量來到北方，普通人也吃得起。

百越之地豐富的資源是吸引漢人南遷的重要原因，古代很多漢人為了逃避苛捐雜稅，逃到越地的深山老林，唐代在福建的西南部搜檢逃戶，設立汀州，類似的現象在南方歷史上很多。元代周達觀在真臘（今柬埔寨）寫的《真臘風土記·流寓》稱：「唐人之為水手者，利其國中不著衣裳，且米糧易求，婦女易得，屋室易辦，器用易足，買賣易為，往往皆逃逸於彼。」

越地不僅有高山大川，還有很多島嶼和汪洋大海，展開廣闊的懷抱，接納了很多北方移民。越字源自窪地，越人依水而居，深受南方文化影響的道家推崇水和陰柔，老子說：「上善若水，水善利萬物而不爭，處眾人之所惡，故幾於道。」這對中原文化也產生了很深的影響，孔子曾經向老子學習，孔子的思想有很多來自道家，所以孔子說：「君子矜而不爭。」所以我們開發南方的山林海島時應該有所節制，珍惜給地球留下一些資源。

浩瀚的太平洋上有一個孤獨而渺小的復活節島，島上的資源曾經支持人類建造高大的石像，但是資源的枯竭導致文明的衰落。地球在浩瀚的宇宙中，就像一個小小的復活節島。我們開發地球的資源時應該有所節制，維持地球生態和文化的平衡，避免會走向復活節島的衰落命運。

結　論

　　根據本書的考證，我畫出下圖，顯示上古越人最北界、秦漢越人北界、
今日越人聚居地北界、受海洋文化強烈影響的地域界線。

歷史上越人和海洋文化分布圖

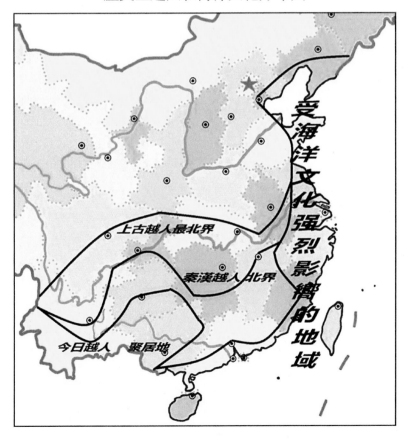

　　上圖最西南的黑線是今日越人聚居地的北界，即侗臺語系民族的主要分布地，這條線以北也有少量越人。今日越人還應包括海南島黎族和臺灣的南島語系族群及東南亞的相關民族，本圖未顯示其地域。

　　長江以南的黑線是秦漢越人北界，湖南、江西的北部是苗瑤族群和漢人聚居地，雲南的北部是藏緬族群聚居地。這條界線的東端延伸到浙江省中部，因為本圖另外畫出海洋文化區，為免誤解未畫出東端。

　　六朝時期獠人在四川、重慶大舉北遷，但是江南、湖南、江西、福建、廣東、廣西的越人則漢化較快，本圖未顯示六朝時期的越人聚居地變化。唐宋時期福建、嶺南的越人漢化尤其明顯，明清時期雲南、貴州及嶺南的西部越人漢化尤其明顯，本圖也未顯示。

　　長江以北的黑線是上古越人分布地的最北界，其南部還有苗瑤、藏緬等族群，不代表其南部都是越人。其東北部到達江蘇省北部甚至膠東半島，但是長江以北的越人都很零散，不是主要民族。

　　歷史上受到海洋文化強烈影響的地域，不限在沿海地域，而包括一些內陸地域，尤其是江南，歷史上的徽商和景德鎮、龍泉、建州等外銷瓷窯產地都應包括在內。因為黃河700多年在江蘇省入海，使江蘇省海岸線大幅東擴。上古到唐宋時期的揚州、南京、楚州都是海港，所以都應包括在內。

　　今天越人聚居地，在貴州省境內，向北部明顯突出。這主要是地形和降水的原因，而非氣溫原因。貴州省的氣溫不及嶺南，但是貴州多山。貴州的降水量比滇西南、嶺南和同緯度的江西、福建、浙江少，但是貴州的年降水日數特別多。年降水日數最多的地帶在四川、重慶到貴州，這就是俗語稱貴州地無三尺平、天無三日晴的由來。因為貴州降水日數多，所以南方來的越人比較適應這種潮濕的氣候。因為貴州多山，所以歷史上漢人大規模進入貴州的時代較晚，所以今天貴州的越人族群比較多。嶺南的北部雖然有南嶺，但是南嶺的範圍不大，山體不高，中間有很多開闊的谷地。漢人容易穿過南嶺，到嶺南的平原立足，使嶺南的越人更容易漢化。

　　秦漢越人北界也在貴州向北突出到四川、重慶南部，也是同樣的原因，漢人到長江中下游平原更容易。受到武夷山的阻礙，福建的漢化進程比同緯度的江西、湖南要晚很多，六朝漢人大規模到閩北，唐代大規模到閩南。雲南省北部的氣候不熱，漢化總體上較晚的原因也是因為四川和貴州的山川阻隔。以上都證明，地形是越人保持自身文化的主要自然原因。

　　皖南、浙閩與廣東省珠江三角洲以外的地域都多山，但是這些地方的越人今天已經全部漢化，因為南方漢化的最主要動力是長江中下游的漢人南遷，所以東南的山地先漢化。雖然不是東南本地的地形原因，但是源自江淮流域的地形原因，也是地形原因。

　　西漢淮安王劉安建議漢武帝劉徹不要攻打閩越，《漢書》卷六四《嚴助傳》記載其所上書云：「臣聞越非有城郭邑里也，處溪谷之間，篁竹之中，習於水鬥，便於用舟，地深昧而多水險，中國之人不知其勢阻而入其地，雖百不當其一。得其地不可郡縣也，攻之不可暴取也。以地圖察其山川要塞，相去不過寸數，而間獨數百千里，〔註1〕阻險林叢弗能盡著。視之若易，行之甚難……今發兵行數千里，資衣糧，入越地，輿轎而逾領，拖舟而入水，行數百千里，夾以深林叢竹，水道上下擊石，林中多蝮蛇猛獸，夏月暑時，嘔泄霍亂之病相隨屬也，曾未施兵接刃，死傷者必眾矣……不習南方地形者，多以越為人眾兵強，能難邊城。淮南全國之時，多為邊吏，臣竊聞之，與中國異。限以高山，人跡所絕，車道不通，天地所以隔外內也。其入中國，必下領水，領水之山峭峻，漂石破舟，不可以大船載食糧下也……南方暑濕，近夏癉熱，暴露水居，蝮蛇蠚生，疾癘多作，兵未血刃而病死者什二三，雖舉越國而虜之，不足以償所亡。」

　　劉安的理由主要是地形不便，其次才是氣候濕熱。河谷狹窄彎曲，北方漢人的優勢不能發揮，步兵容易被越人在山林中伏擊，車騎不能馳騁。農田和移民不能連片，漢文化不能向四周迅速推展。氣候濕熱的困難比較容易克服，而且秦漢時代的江南已經漢化，使江南漢人再向南推進到福建和嶺南時，更容易適應華南的濕熱氣候。

　　百越文化對東亞文化產生了強烈影響，包括物質文化、精神文化等各方面。在物質文化領域，百越文化的影響主要體現在捕魚、航運、稻作、果木、草藥、飲食、瓷器等領域。在精神文化領域，百越文化的影響主要體現在道家、水文化、水生動物崇拜、海神信仰、南方樂舞等領域。百越族群的語言文字和社會組織對上古華夏族群有深遠影響，很多早已被看成是華夏的固有基本文化因素，需要我們仔細探尋。

　　百越文化誕生在西南，很早就和印度乃至西方文化有密切交流，我將在另書之中詳細考證。佛教從印度傳入東方，除了草原之路，還有西南和海上

〔註1〕間獨不通，獨顯然是隔之形誤，字形接近。

兩條路。老莊思想的源頭,也從印度文化、百越文化吸取了很多精華。

百越文化也對世界文化有重要影響,瓷器的外文名字是 China,其實是源自百越之地而非中原。越人還從東南沿海擴散到太平洋、印度洋的廣闊海域,形成世界上分布地域最廣的南島族群。南洋越人的航海文化,成為溝通東方和西方的重要橋樑,為兩千年多年前海上絲綢之路的建立奠定了基礎,促進了全人類的交流和融合。越人發現的很多草藥、越人培育的很多水果,歷史上就被漢族等民族採用,進而造福現代全世界。

宇宙萬事萬物都有兩面,我們也不能有失偏頗,否則就是不客觀的歷史。不可否認,越文化也有其缺陷的一面。古書記載越文化的很多缺點,很多自然是出自中原文化的視角,但是也不能完全忽視。有些缺點從今天的普世價值來看也不值得稱道,比如殺嬰食人、畜蠱為害、重利輕義、尚巫淫祠。越人濫食野味,造成不少疾疫的流傳,這種陋習對今天的社會仍然造成很大危害。天行健君子以自強不息,地勢坤君子以厚德載物。越人愛拼敢闖,開拓進取,是自強不息的一面。但不能陷入拜金主義的深淵,為了金錢而不擇手段,所以古人還有厚德載物一句來託底。每個人都有底線,社會才能維持平衡。利己與利他達成一致,才能創造多贏的最優社會。世界各地各族的文化應該加強交融,取長補短,美美與共,才不會產生狹隘心理和極端主義。各種文化在交鋒碰撞之中,會走向折衷和平衡的狀態,消除長期陷入一元文化產生的遺患。

後　記

　　感謝吳春明、藍達居等先生引薦，我有幸參加了中國百越民族史研究會在廣州、長沙、南寧舉行的多次學術會議，並擔任理事。我在 2015 年 5 月已經完成本書的初稿，曾被中國百越民族史研究會前任會長吳春明先生納入他主編的一套百越史研究叢書，後來因為出版社取消了這套叢書的出版計劃，因而一直未能出版。最近我又有補充了一倍內容，形成現在的規模。

　　2016 年 4 月，泰國著名華人學者洪林女士、黎道綱先生到廈門訪問，我聽他們說起重慶綦江的珍貴古代獠人文物。經他們介紹，我在當年 5 月到重慶黔江參加學術研討會時，順便到綦江考察，得到綦江博物館周鈴館長的熱情接待，我在綦江考察了一些古代僚人文化的遺址。經過我的介紹，綦江博物館和中國百越民族史研究會建立了緊密的聯繫，在 2017 年、2019 年聯合召開了兩次學術研討會。本書的主要內容，縮寫為《百越源流新論》一文，提交給 2019 年 10 月 25 日到 27 日的第三屆僚學研究學術研討會，發表在《藏天下》2019 年增刊《僚學研究》第三輯。

　　2019 年 7 月，我到雲南大學參加第六屆海峽兩岸宋代社會文化史學術研討會，順便在大理、保山、騰沖、雲縣、祥雲、貴陽等地考察，我在貴州民族博物館看到清代謝遂的《職貢圖》時，悟出伏羲、布依和武夷同源，寫成文章，發表在《貴陽文史》2019 年第 6 期。

　　本書第五章第五節，源自 2005 年我本科大四時提交的一篇課程作業。本書第七章第四節，源自我在 2009 年寫的《再論漢唐間海南島的建置沿革》一文，發表在廣西師範大學出版社 2012 年出版的《歷史・環境與邊疆——2010 年中國歷史地理國際學術研討會論文集》。本書第六章第一節，源自我

在 2008 年寫成《句踐所遷琅邪即若耶考》，2012 年提交給紹興文理學院的學術會議，我去年才發現此文被《紹興文理學院報》縮寫發表在 2012 年 11 月 25 日的第 20 期。本書第四章第三節，以《六朝東南溪人考實》為名，發表在《地方文化研究》2014 年第 1 期。本書第五章第四節，源自我的《浙江、錢塘、武林語源考》一文，發表在浙江大學出版社 2014 年出版的《傳承與創新：浙江地方歷史與文化學術研討會論文集》，感謝浙江大學孫競昊教授邀請我參加此會。第四章的部分內容，在 2016 年 12 月百越民族史研究會的長沙年會口頭發表。以上各篇，收入本書時都有修改。本書部分內容，因為在我此前出版的《秦漢歷史地理考辨》中有詳細論證，所以在本書中未展開論述。

感謝賀雲翱、周振鶴、薛克翹、吳春明、李世源、朱海濱、毌有江、袁煒等先生贈書，感謝我的本科同學馮雙元，贈送羅香林的《百越源流與文化》給我，這本書在大陸很難買到，馮兄送我的一本是他在臺北購得，雖然出版多年，但是品相很好，異常珍貴。

感謝我的本科同學尤東進、博士同學陸德富，給我在杭州的考察很大幫助。感謝雲南的朋友趙金培、胡光敏，給我在雲南的考察很大幫助。感謝廣西北海的收藏家李繼全先生、防城港博物館的何守強先生、欽州博物館的田心先生，給我在廣西沿海的考察很大幫助。感謝海南大學的閻根齊先生、夏代雲女士等人，給我在海南的考察很大幫助。花木蘭文化事業有限公司多年來嘉惠學林，由衷感謝花木蘭的朋友們再次幫我出書。

2020 年 1 月 29 日廈門家中